教科書1/4改訂対応版

国語新教材
全授業のつくり方&ワークシート

難波博孝 編著

学芸みらい社

目次

4年
友情のかべ新聞（光村図書）

4年
スワンレイクのほとりで（光村図書）

5年 おにぎり石の伝説（東京書籍）

5年 銀色の裏地（光村図書）

6年 ぼくのブック・ウーマン（光村図書）

6年

模型のまち（東京書籍）

みきのたからもの

（光村図書）

山中勇夫

「この教材」ここがキモ！

「みきのたからもの」は、公園でカードを拾った主人公のみきが宇宙人と思われる見たことのない生き物に出会い、交流し、別れ、さらにその時もらった小さな石が、みきの大事な宝物になっていくという物語です。

この物語は登場人物同士のきっかけ→出会い→交流→別れ→後日譚（思い出）という、いかにも物語らしいシンプルな構成となっています。

また異質な宇宙人との交流を扱った作品でありながら、難なく会話ができたり、その名前が「ナニヌネノン」という子供たちに身近な五十音をもとにしたものであったり、別れ際に思い出の品を渡すという人間に近い風習を持っていたりするなど、宇宙人としての異質感よりも、むしろ親近感の方がクローズアップされる、ある意味とても都合のよい存在として、描かれています。

加えて本作品には、主人公のその時々の心情が、様々な行動描写によって表されています。

以上のような単純な物語構成と、子供の世界観に無理なく浸透する設定、およびその時々の主人公の行動描写に滲む心情こそ、本作品のキモであると言えるでしょう。

授業では、このような教材の特性を生かし、子供たちが物語の世界観にどっぷりと浸り、登場人物が何と出会い、どんな行動をし、何を思ったのかを十分に体感させていきます。動作化をふんだんに取り入れ、登場人物になりきることを十分に楽しみ、物語の世界観を十分に味わえるようにすることで、次に示す学習目標へと迫っていきましょう。

学習目標

○物語の時間の順序をつかみ、内容の大体を捉えること。（低学年読むことア）
○動作化を通して登場人物の行動を具体的に想像すること。（低学年読むことエ）
○登場人物の心情や行動について考えたことや感じたことを共有すること。（低学年読むことカ）

単元全体をどうつくるか？　――全五時間

子供たちが物語の世界にどっぷりと浸ったり、登場人物の出会いや思いや行動を体感していったりすることを実現するために、本単元では動作化による読み深めとそれを生かした劇作りを単元の中心活動として据えています。

第一次では、「みきのたからもの」を通読し、物語の全体像をつかみます。この際、きっかけ→出会い→交流→別れ→後日譚(思い出)という構成に従って物語の内容を確認することで、子供が物語の全体像をつかむことができるようにします。また、冒頭の「おそるおそる近よると、」を取り上げ、その時の心情について考えながら主人公の動作を検討します。これにより物語を動作化（劇化）することの面白さを味わわせるとともに、単元全体の見通しを持てるようにします。

第二次では、三人組を作って場面ごとに物語の世界を再現していきます。この時、登場人物の心情や行動を豊かに立ち上げていくために、授業の前半は学級全員で、まとまり（場面に相当する）ごとに主人公が見たものと、その時の心情や行動について、教室全体で話し合っていきます。話し合いの際には、適宜、動作化を取り入れ、心情や行動を具体的に想起できるようにします。後半はそれをもとに各グループで劇の練習を行います。（二次では台詞を覚えたりはせず、教材を読みながら行います。）

第三次では、各グループでお気に入りのまとまりを一つ選び、劇の発表会に向けた練習を行います。これまでの学習を踏まえながら、動作（振り付け等）を積極的に取り入れることを促しましょう。折を見て教師が介入し、振り付けの根拠や心情のあり方について問いかけと対話をしながら読みの深化を図ります。発表会後には単元全体のふりかえりを文章に書いて全員で共有することで、それぞれの学びを互いに知ることができるようにします。

単元名

登場人物の気持ちが伝わる劇をつくる

第一次
見通す

1時間目
物語の内容の大体をつかみ、単元の見通しを持つ。

「きっかけ→出会い→交流→別れ→後日譚（思い出）」に沿って物語の構成をつかみ、物語の内容の大体をつかむ。

冒頭の「おそるおそる近よると、」における主人公の動かし方や、その時の心情について、動作化を通して話し合う。

劇をつくり、発表するという目標を確認し、単元計画を立てる。

第二次
つかむ

2時間目
1・2のまとまりの「みき」の心情と動作をつかみ、劇をつくる。

まとまり1・2（P58 1行目〜P60 8行目）を通読する。

登場人物ごとに役割読みをする。

「みき」が見たもの（カード、宇宙船、ナニヌネノン）を明らかにする。

「みき」の行動描写を見つけ、そのときの心情とそれを反映した動作を検討する。

全体で話し合ったことをもとに、3人組で役割（みき・ナニヌネノン・ナレーター）を決めて、劇をつくる。

3時間目
3・4のまとまりの「みき」の心情と動作をつかみ、劇をつくる。

まとまり3・4（P60 9行目〜P65 2行目）を通読する。

登場人物ごとに役割読みをする。

「みき」があげたもの（リボン）と「みき」がもらったもの（小さな石）を明らかにする。

「みき」の行動描写を見つけ、そのときの心情を検討しながら、動作を実演する。

全体で話し合ったことをもとに、3人組で役割（みき・ナニヌネノン・ナレーター）を決めて、劇をつくる。

4時間目
5・6のまとまりの「みき」の心情と動作をつかみ、劇をつくる。

まとまり5・6（P65 3行目〜P69 8行目）を通読する。

登場人物ごとに役割読みをする。

「みき」が見たもの（空高く飛んでいくのりもの、ひらひらと動くリボン、空）を明らかにする。

「みき」の行動描写を見つけ、そのときの心情を検討しながら、動作を実演する。

全体で話し合ったことをもとに、3人組で役割（みき・ナニヌネノン・ナレーター）を決めて、劇をつくる。

5時間目
3人組で選んだまとまりをもとに、劇の練習をする。

第三次
まとめる

6時間目
劇の発表会を行う。単元全体の感想文を書き、全体で交流する。

みきのたからもの

①時間目

学習目標 **物語のあらすじを捉える**

1時間目

物語の内容の大体をつかみ、単元の見通しを持とう。

❶自分の持っている宝物についてのエピソードを思い出し、交流する。（約5分）

❷「みきのたからもの」の教師の範読を聞く。（約15分）

❸登場人物を確認する。（約5分）

❹物語を「きっかけ」「出会い」「交流」「別れ」「思い出」の五つに分けて、それぞれ、どんなことがあったのかを確認する。（約10分）

❺冒頭の「おそるおそる近よると、」部分について、どのような動作化がよいのか話し合う。（約10分）

ワークシートの正答例

解説

①題名が「みきのたからもの」である本教材は、「小さな石」が、宇宙人との出会いと交流と別れから成るエピソードによって、「みき」の「たからもの」となる物語でもあります。子供たちの宝物にもまた、それぞれのエピソードがある場合が多いと思います。それを引き出しておくことで、「みき」の物語への興味を誘います。

②子供たちと物語との最初の出会いです。ゆっくりと、丁寧に読み聞かせましょう。

③登場人物は、「みき」と「ナニヌネノン」の二人ですが、劇をやる上では、そこにナレーターも必要になります。

④上記の五つの構成については、子供に提示したうえで、「きっかけは何だった?」「交流の時、それぞれが相手にプレゼントしたものは?」など、内容を問う発問で、物語の内容の大体をつかめるようにします。

⑤「おそるおそる近よると、」のときの心情を問いながら、教室の前でその心情に即した動作を数名にやらせます。これにより、心情に即した動作を再現するという本単元の内容を具体的に示します。

⑥1〜6のまとまりと3人組の編成を示しながら、お気に入りの場面を劇にして発表することを伝えます。

みきのたからもの

①時間目

名前　年　組　番

ものがたりのあらすじをとらえよう。

❶ 自分《じぶん》のもっているたからものには、どんなものがありますか。ともだちと話《はな》し合《あ》ってみましょう。

❷ 「みきのたからもの」を読《よ》みましょう。（先生のろうどく）

❸ とうじょうじんぶつはだれですか。

□　□　＋（□）

❹ ものがたりのあらすじをまとめましょう。

①きっかけ：□をひろう。

②であい：□とであう。

③こうりゅう：□をむすぶ。□をもらう。

④わかれ：□とわかれる。

⑤おもいで：□をたからものにする。

❺ みきのうごきを、さいげんしてみましょう。

「おそるおそる近《ちか》よると、…」

❻ グループのメンバーの名前《まえ》を書《か》きましょう。

みきのたからもの

学習目標 1・2のまとまりの劇をつくる

② 時間目

ワークシートの正答例

2時間目

1・2のまとまりの「みき」の心情と動作をつかもう。

❶1・2のまとまりを音読する。（通読・役割読み等）（約5分）

❷「みき」が見たものを確認し、特に「ナニヌネノン」の容貌についての意見を交流する。（約5分）

❸「みき」の行動が表れている表現に線を引く。（約5分）

❹「みき」の行動のうち、ここでは「少しきんちょうしながら言いました。」に焦点を絞り、その言い方について実演しながら検討する。（約10分）

❺3人グループになり、本時の授業内容を踏まえて、1・2のまとまりの劇をつくる。（約15分）

❻劇づくりの活動をふりかえる。（約5分）

解説

①1のまとまり（P58 4行目～P59 1行目）と2のまとまり（P59 2行目～P60 8行目）を音読します。一文ずつ教師と子供が交代で読んだり、役割（みき・ナニヌネノン・ナレーター）に分けて読んだりするなど、形態を変えて複数回読むことで、作品を様々な表現で味わえるようにします。

②この場面で「みき」はカード、宇宙船、ナニヌネノンに出会います。ここで、ナニヌネノンは、「見なれない生き物」とある以外は、その容貌についての描写がなく、挿絵もありません。子供たちにどんな姿か問うことで、それぞれのナニヌネノン像が形作られるようにします。

③これにより、行動描写を子供たちが意識して読めるようにします。

④「なぜ、緊張していたのか。どんなことを考えていたのか」を問い、このときの「みき」の心情を立ち上げていきます。その上で、「少しきんちょうしながら」言う「わたし、みき。」の台詞の言い方（身振り手振りを含む）を検討します。教室の前で有志の子供たちに実演させながら、「なぜそのように演じたのか。」と問うことで、演技の裏にあるそれぞれの読みにふれることができるようにします。

⑤ここでは、台詞を覚えることは求めません。場合によっては、劇で再現する箇所を極端に絞って、やらせてもよいでしょう。練習の途中で、教師がグループごとの劇表現と、そのもとになる子供の読みについて個別に対話を行うことで、読み深めと劇表現の吟味の往還が促されるようにします。

⑥劇づくりの感想を残しておくことで、毎時間の積み重ねを子供自身が意識できるようにします。

みきのたからもの

1・2のまとまりのげきをつくろう。

2時間目

名前　年　組　番

❶ 1・2のまとまりを読《よ》みましょう。

❷ みきが見たものはなんですか。

❸ みきの行《こう》どうがわかるところに、せんをひきましょう。

❹ 「わたし、みき。」と、少《すこ》しきんちょうしながら言《い》いました。のところをさいげんしましょう。

❺ 1・2のまとまりのげきをつくりましょう。

❻ げきをつくったかんそうを書《か》きましょう。

みきのたからもの

③ 時間目

ワークシートの正答例

学習目標 3・4のまとまりの劇をつくる

3時間目

3・4のまとまりの「みき」の動作と心情をつかもう。

❶3・4のまとまりを音読する。（通読・役割読み等）（約5分）

❷「みき」の行動が表れている表現に線を引く。（約5分）

❸「みき」があげたもの（リボン）とみきがもらったもの（小さな石）についての情報を整理する。（約5分）

❹「みき」の行動のうち、ここでは「よく聞きとろうとして、目をつぶりました。」に焦点を絞り、その時の心情を実演の仕方と共に検討する。（約10分）

❺3人グループになり、本時の授業内容を踏まえて、劇をつくる。（約15分）

❻劇づくりの活動をふりかえる。（約5分）

解説

①3のまとまり（P60 9行目～P63 2行目）と4のまとまり（P63 3行目～P65 2行目）を音読します。前時に決めた役割等を積極的に活用して、複数回読みます。

②教科書に線を引かせ、引いた箇所を共有します。この場面では、「みき」と「ナニヌネノン」との間でプレゼントが交換されます。交換の様子を具体的に確認していきます。

③まず、「みき」が何をもらい、何を渡したのかを確認します。その上で、「なぜそれを渡したのか？」「それを受け取って、どんな気持ちだったのか。」と問うことで、ここでの「みき」の心情に迫ります。

④ここは、「みき」自身が目をつぶって、様々な光景に思いを馳せているところです。その「みき」の心情を掘り下げていくことで、この部分の動作化がより深みを増していきます。

⑤前時の活動の様子を見ながら、再現する箇所の範囲を決めていきます。あまり範囲が広すぎると活動が散漫になります。動作化の検討が成り立つよう、ちょうどいい範囲を指定しましょう。適宜、教師が介入し、対話を行っていくことで、よりよい表現を生もうとする意欲を持続させます。グループ同士で見合う活動等も適宜取り入れていきましょう。動作や声の抑揚の検討に注力させるため、ここでも台詞を覚えることは求めません。

⑥本時の学習の感想を残しておくことで、毎時間の積み重ねを子供自身が意識できるようにします。

みきのたからもの

3
時間目

名前　年　組　番

3・4のまとまりのげきをつくろう。

❶ 3・4のまとまりを読《よ》みましょう。

❷ みきの行《こう》どうがわかるところに、せんをひきましょう。

❸ みきがあげたものと、もらったものは何《なん》ですか。

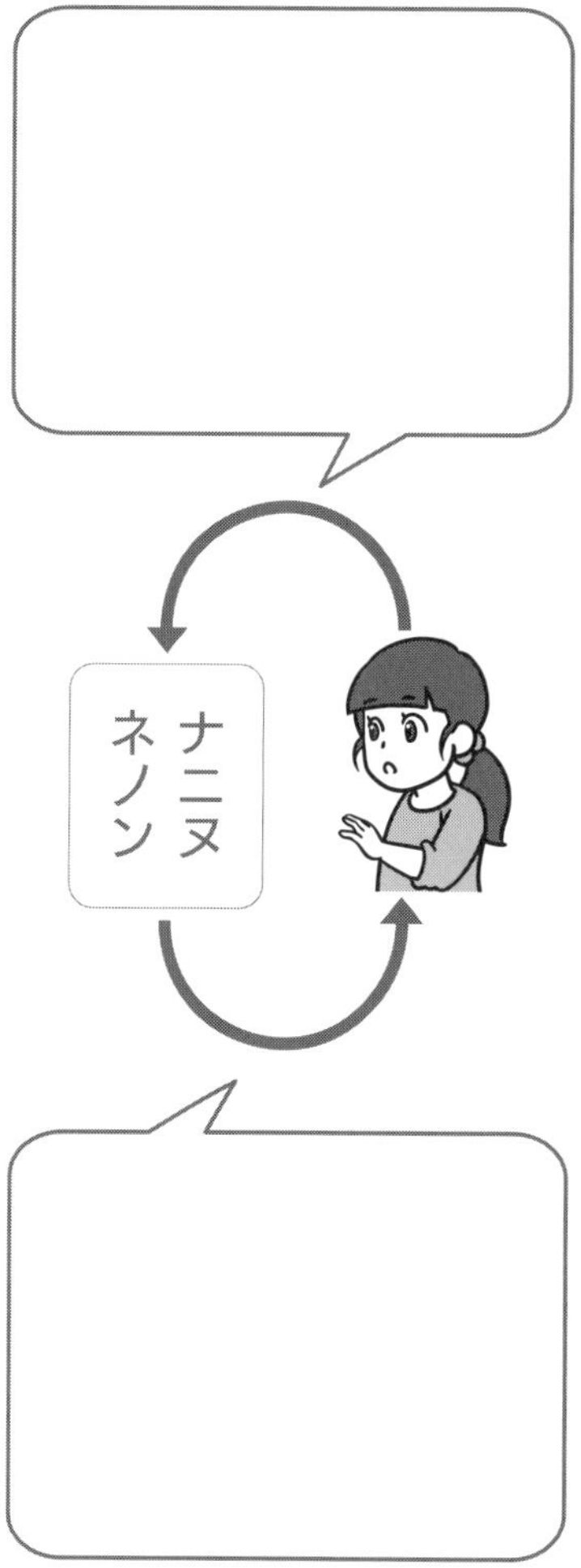

❹ 「よく聞《き》きとろうとして、めをつぶりました。」のところをさいげんしましょう。

❺ 3・4のまとまりのげきをつくりましょう。

❻ げきをつくったかんそうを書《か》きましょう。

みきのたからもの

④時間目

ワークシートの正答例

学習目標 **5・6のまとまりの劇をつくる**

4時間目

5・6のまとまりの「みき」の動作と心情をつかもう。

❶5・6のまとまりを音読する。（通読・役割読み等） （約5分）

❷「みき」が見たものを確認し、順番に並べる。 （約5分）

❸「みき」の行動が表れている表現に線を引く。 （約5分）

❹「みき」の行動のうち、ここでは「みきは、なんども手をふりました。」に焦点を絞り、その時の心情についての意見を交流しながら、実演の仕方を検討する。 （約10分）

❺3人グループになり、本時の授業内容を踏まえて、劇をつくる。 （約15分）

❻本時の学習をふりかえる。 （約5分）

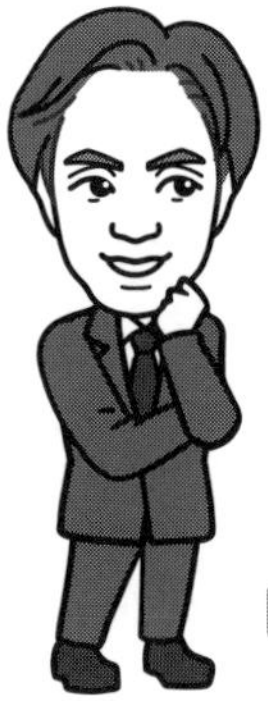

解説

①5のまとまり（P65 3行目～P68 7行目）と6のまとまり（P68 9行目～P68 18行目）を音読します。これまでと同様、形態を変えながら複数回読むことで、作品を様々な表現で味わいます。

②ここで「みき」が見たものは、「空高く飛んでいくのりもの」、「ひらひらと動くリボン」、「きえていった空」が挙げられます。これらを「みき」が見た順序に並べることで、その時の「みき」の状況をより立体的に想像できるようにします。

③ここでは、「なんども手をふりました。」「目でおいかけました。」「ぎゅっとにぎったまま」「見上げていました。」がそれにあたります。いずれも、別れを惜しむ「みき」の心情の滲む表現です。

④先の「みき」が見たものの変遷と合わせて、「なんども手をふ」る「みき」の心情を想像しながら、再現します。手を大きく振る子供にも、手をやさしく振る子供にもそれぞれの理由があり、それを交流することで、この場面の「みき」の心情の奥行を感じさせていきます。

⑤これまでと同様、劇の表現について、適宜教師との対話の時間を入れることで、読み深めと表現の吟味の往還が促されるようにします。グループで見合う活動等も適宜取り入れていきましょう。

⑥本時の学習の感想を残しておくことで、毎時間の積み重ねを子供自身が意識できるようにします。

みきのたからもの

④時間目

名前　　年　　組　　番

5・6のまとまりのげきをつくろう。

❶ 5・6のまとまりを読《よ》みましょう。

❷ みきが見たものはなんですか（見たじゅんにばんごうを書《か》きましょう）。

❸ みきの行《こう》どうがわかるところに、せんをひきましょう。

❹ 「みきは、なんども手をふりました。」のところをさいげんしましょう。

❺ 5・6のまとまりのげきをつくりましょう。

❻ げきをつくったかんそうを書《か》きましょう。

みきのたからもの

⑤⑥時間目

ワークシートの正答例

学習目標 劇の練習をして、発表する

5・6時間目

3人組で選んだまとまりをもとに、劇の練習をし、発表しよう。

❶3人グループで、劇にするまとまりを選ぶ。（約10分）

❷選んだまとまりについて劇の練習をする。（約35分）

❸劇の発表会をする。（約35分）

❹単元全体を通じての感想文を書き、交流する。（約10分）

解説

①これまでの学習をもとに、発表する箇所を一つ選ばせます。これまでの時間の劇と違い、会話文を覚えさせることで、より動作化に集中できるようにします。ナレーターは特に動作化の必要はなく、台詞も多いので、覚えなくてよいことにします。

②三人組での練習をする際には、これまでの学習でやってきたように、「みき」の行動を、それを取り巻く状況や心情を踏まえて再現できているかが重要である点を確認しておきます。また、この点の出来栄えについて、教師が適宜、グループ毎に対話を行うことで、子供たちの読み深めと表現の吟味の往還が促されるようにします。

③発表会では、観る側によいところを発表させたり、よさを書かせたプリントを交流したりと、発表に対しての何らかのフィードバックがあるようにします。
また、同時に複数の会場で発表する方式をとることで、一定時間の中で一つの班が何回も発表を行う機会をつくったり、身近な意見交流の場を設定したりすることができます。学級の人数に応じてアレンジしましょう。

④感想文は、全員分を集約印刷するなどして、クラス全員の感想が共有できるようにするとよいでしょう。

みきのたからもの ⑤⑥時間目

名前　年　組　番

げきのれんしゅうをして、はっぴょうしよう。

❶ わたしのグループが、えらんだまとまりは……　□　のまとまり

❷ グループのもくひょう

……げきにしたい。

❸ げきのれんしゅうのじゅんじょ

① やくわりをきめる。
② せりふをおぼえる。（みき・ナニヌネノン）
③ グループであわせる。（どうさを入れる）
④ 先生に見てもらい、アドバイスをもらう。

❹ くりかえしれんしゅうして、げきをし上げましょう。

❺ げきのはっぴょうかいをしましょう。

❻ たんげんぜんたいをふりかえって、かんそうを書《か》きましょう。

春風をたどって

（光村図書）

中西果織

「この教材」ここがキモ！

本教材「春風をたどって」は、風の強い日に飛ばされてきたたくさんの写真を宝物とし、見慣れた森の景色と比べながら、写真の中の見たことのない、素晴らしい景色に憧れ、行きたいと願っているりすの「ルウ」のお話です。

中学年となり、生活範囲や人間関係を少しずつ広げていき、まだ見ぬ世界や体験したことのない物事に好奇心を刺激され、興味を持ったり、憧れたりする三年生児童の感覚は、物語の中の登場人物の気持ちや言動に共感しやすいものだと思われます。登場人物に同化したり、一歩引いて異化したりしながら、物語を読むことができるよう力を付けていきたいですね。

また、中心人物の「ルウ」がすてきなにおいのする方へ進む「ノノン」に付いていくことで「海色の花ばたけ」に辿り着くことができ、あまり話したことがなかった顔見知りの「ノノン」のすごさに気付いたり、森の見慣れた景色に飽き飽きしていた「ルウ」が、森の魅力を発見したりすることができた点が書かれており、児童も実生活と結び付けながら、友達や地域の新たなよさに目を向けることができるでしょう。社会科などの他教科の学習や日常生活と関連させながらも、気持ちの変化を確実に押さえていきたいものです。

題名の通り、「春風をたどって」プチ探検をすることで「海色の花ばたけ」を発見することができますが、宝物の写真には、雪山や砂漠の景色も映っており、この物語の先の「ルウ」のくらしが気になる書きぶりにもなっているため、続き話を考えたり、演じたりするなどの言語活動を仕組むことができる作品です。

単元全体をどうつくるか？——全6時間

本教材は、中学年になった児童が初めて出会う物語文となります。登場人物もわかりやすく、一行空きに着目すると、四つの場面を捉えやすいです。

児童が初めてこの作品に出会って書く感想には、中心人物の「ルウ」に対する記述や、この先の物語の展開を予想する記述が多いと予測できるため、児童の気付きや感想、疑問を基に単元の課題や学習活動を設定していきたいと思います。

その中でも、まずは、中心人物「ルウ」の行動や気持ちを捉えるために、言葉に着目して、登場人物の気持ちを考えることは欠かせません。そのためには、

①気持ちをそのまま表す言葉
②したことや言ったことを表す言葉
③場面の様子を表す言葉

に着目して物語を読むとよいことに気付かせたいですし、作文する際にも活用できるよう、繰り返し指導していきたいです。

次に、中心人物「ルウ」の変化を考えさせます。物語には、多かれ少なかれ変容が書かれていることに気付かせたり、教えたりすることで、今後の学習にもつなげていきます。

変容の視点を児童にも考えさせたり、友達と交流することで、多様な考えに触れさせることができます。

最後に、中心人物「ルウ」がどのようにくらしていくか、物語の続きを想像し、友達と伝え合う活動を通して、本単元の学びを整理したり活用したり、自覚し共有したりすることができるでしょう。

更に、友達について書かれた本を読むことで、人間関係を深めたり広げたりするきっかけとなるようにしたいものです。

学習目標

○登場人物の行動や気持ちなどについて、叙述を基に捉えること。（中学年読むこと イ）
○登場人物の気持ちの変化や性格について、場面の移り変わりと結び付けて具体的に想像すること。（中学年読むこと エ）
○文章を読んで感じたことや考えたことを共有し、感じ方などに違いがあることに気付くこと。（中学年読むこと カ）

単元名

言葉に着目して、登場人物の気持ちを考え、物語の続きを創作する。

第一次
見通す

1時間目

通読して、初発の感想を交流し、単元計画を立てる。

宝物や行ってみたい場所について交流することで、自分や友達について知ると共に物語への関心を高める。

教師の範読を聞き、心に残ったことや想像したこと、「ルウ」について考えたことや疑問に思ったことなどを書く。

初発の感想を全体で交流し、本単元の目標と単元計画を確認する。

一行空きや「ルウ」の行動に着目しながら、音読をする。

第二次
つかむ

2時間目

場面分けを通して、物語の大体の内容を整理し、登場人物の行動と気持ちを捉える。

四つの場面ごとに「ルウ」の行動に着目しながら音読し、大体の内容をまとめ、全体で確認する。

言葉に着目する視点を学び、「ルウ」の気持ちがわかる言葉を見付ける。

3時間目

言葉に着目して、登場人物の気持ちを考える。

「ノノン」に対して、「ルウ」がしたことや言ったことを基に、「ルウ」の気持ちを捉える。

森や花ばたけを見ながら、「ルウ」がしたことや言ったことを基に、「ルウ」の気持ちを捉える。

花ばたけについて書かれていることを基に、「ルウ」の気持ちを捉える。

4時間目

言葉に着目して、登場人物の気持ちの変化を捉え、友達や住んでいるところについての捉え方の変化を考える。

「ノノン」への始めと終わりの気持ちを捉え、変化の理由を考える。

見慣れた景色に対する始めと終わりの気持ちを捉え、変化の理由を考える。

物語を一文でまとめる。

第三次
まとめる

5時間目

物語の続きを想像して書く。

全文を音読し、物語の内容を各自で確認する。

「ルウ」は次の日から、どのようにくらしていくと思うか、ペアで交流する。

「ルウ」は次の日から、どのようにくらしていくか、どのような景色に出会うか、物語の続きを想像して書く。

6時間目

物語の続きの創作話を交流し、感想を伝え合い、学習のまとめをする。

グループで書いたものを読み合い、「おもしろい。」「もっと知りたい。」と思うことなどを伝え合う。

グループの一押しや読み合った感想を全体で交流する。

初発の感想や本単元の学習を通して学んだことをふりかえる。

友達について書かれた物語を紹介し、登場人物の気持ちを確かめながら読書することや図書館への関心を高める。

春風をたどって

①時間目

ワークシートの正答例

学習目標 **物語を読んでの感想を書き、伝え合うことができる**

1時間目

通読して、初発の感想を交流し、単元の見通しを持とう。

❶物語への関心を高める。（約5分）

児童の「宝物」を聞く。

児童に「行ってみたい場所」があるかを問い、その理由も含めて書く。

「行ってみたい場所」をペアで伝え合う。

リード文を読み、物語の中心人物であるりすの「ルウ」にも「行ってみたい場所」があることを伝え、物語への導入を行う。

❷本時のめあてを確認し、教師による範読を聞く。（約10分）

教科書を開き、新出漢字の読み方や言葉のわからないものがあれば、メモしながら聞く。

わからない言葉を確認し、教師が意味や使い方を補足する。

❸初発の感想を書く。（約5分）

物語の最後で「ルウ」は「どのような気持ちになったのだろうか。」と投げかけ、心に残ったことや想像したこと、「ルウ」について考えたことや疑問に思ったことなどを視点に感想を書く。

❹初発の感想を交流する。（約10分）

感想を全体で発表し、友達との感じ方の相違に触れる。

❺単元の課題や計画を確認し、見通しを持つ。（約5分）

教科書の学習の手引きを開き、単元の目標や学習の流れを確認する。

❻音読をする。（約10分）

一行空きで、四つの場面に分かれていることを伝え、場面の最初の部分に番号（一～四）を書き込む。

「ルウ」の行動を確かめるために「ルウは（が）」と書かれている部分に赤丸を入れながら、各自で音読の練習を行う。

解説

①物語への関心を高め、本単元の学習に対する意欲を持たせたいところです。児童の「宝物」や「行ってみたい場所」を聞くことで、物語の中心人物の気持ちに共感しやすくしておきます。授業内での時間が確保しにくければ、朝の会のスピーチなどのテーマにしてみるのもよいでしょう。

②物語を読む前に、本時のめあてを確認し、感想を書く際の視点を伝えておくとよいです。また、新出漢字の読み方がわからなければ読み方を、言葉の意味がわからなければ「?」をメモするように指示を出し、今後の学習でも活用できるようにしておきます。

③読み終わった後に発問することで、中心人物の気持ちに共感したり、自身と比較して疑問を出したりすることができるようにします。静かな雰囲気で、物語と向き合い、感想を書き始めることができるようにしましょう。

④自由に発表させますが、登場人物に対してや感想と疑問を色分けしたり分類したりしながら板書し、整理します。

⑤教科書の学習の手引きを利用し、単元の見通しを持たせますが、児童の感想や疑問と関連させながら、児童の疑問を基に単元の課題が設定できるようにしたいところです。

⑥一行空きに着目させ、一～四の数字を書き込ませることによって、四つの場面を確認します。また、主語「ルウは（が）」に印を付けることで、中心人物「ルウ」の行動や気持ちに注目できるようにします。その際、物語の全体を見通すことができるように、教材文を打ち込んで一枚程度にまとめた用紙を用意しておくと、今後の活動でも重宝します。

春風をたどって

①時間目

年　組　番
名前

物《もの》語を読んで感想《かんそう》を交流《りゅう》し、たん元の見通しを持《も》とう。

❶ 物《もの》語に出てくるりすの「ルウ」は、行ってみたい場所《しょ》があるようです。みなさんの行ってみたい場所《しょ》はどんなところか書きましょう。

理由《ゆう》は、

❷ 物《もの》語のさい後で、「ルウ」はどんな気持《も》ちになったと思いますか。物《もの》語を読んでの感想《かんそう》など（①想《そう》ぞうしたことや考えたこと、②ふしぎに思ってみんなでたしかめたいこと）を書きましょう。

①

②

❸ この物《もの》語は四つの場面《めん》に分かれています。

① 教科書に一～四を書きこみましょう。

② 「ルウ」の行動《どう》をたしかめながら、音読をしましょう。

春風をたどって

②時間目

ワークシートの正答例

学習目標 四つの場面の内容を整理することで、登場人物の行動や気持ちを捉えることができる

2時間目

四つの場面の内容を整理し、「ルウ」の行動と気持ちを捉えよう。

❶**前時に赤丸印を付けた主語「ルウは（が）」の数を確認する。**（約5分）
ページ数や行数を確認しながら「ルウ」の行動を簡単に確認する。

❷**本時のめあてを確認する。「四つの場面の内容を整理して、ルウの行動や気持ちを捉えよう。」**

❸**四つの場面ごとに音読し、大体の内容を整理する。**（約5分×4）
場面ごとに「ルウ」の行動に着目しながら音読し、「〇〇しているルウ」と大体の内容をまとめ、全体で確認する。

❹**言葉に着目する視点を学ぶ。**（約5分）
気持ちをそのまま表す言葉を考え、発表する。したことや言ったことを表す言葉を考えさせたり例示したりして、どんな気持ちがわかるか発表する。

場面の様子を表す言葉を例示し、どんな気持ちがわかるか考える。

❺**「ルウ」の気持ちがわかる言葉を見つける。**（約5分×3）
A「ノノン」に対して、したことや言ったことに赤線を引き、ワークシートに書き出す。

B森や花ばたけを見ながら、したことや言ったことに青線を引き、ワークシートに書き出す。

C花ばたけについて書かれていることに黒線を引き、ワークシートに書き出す。

❻**本時の学習のまとめをする。**（約2分）
登場人物の気持ちを考えるための言葉に着目する視点を再確認する。

解説

①数に着目させることで、全児童が学習に参加できます。数にズレが生じる場合、初めから確認していくことにより、「ルウ」の行動かどうかを考えることができます。

②中学年期に物語を学習する際、登場人物の行動や気持ちに着目する大切さを伝えてもよいと思います。

③一場面を音読し、「ルウ」の行動を発表させ、「〇〇しているルウ。」とまとめることで、二～四場面を自分で整理できるようにします。大体の内容を捉えることができればよいので、一致させる必要はありません。

④教科書の例や巻末の「言葉の宝箱」を活用し、どんな言葉に着目すればよいかを教えます。まずは身近な例（うれしい場合）の気持ちや言動を表す言葉を二、三個確認します（うきうき、「やったー」、スキップなど）。次に、場面の様子を表す言葉（さわやかな花のかおり）からイメージする気持ちを出し合うと、学習のポイントを理解できるでしょう。

⑤ABに関しては、前時に赤丸印を付けた主語「ルウは（が）」に着目しながら「ルウ」の気持ちがわかる言葉を見つけるように促します。④で学習したことを生かして言葉に着目しながら、まずは色分けして線を引かせ、ペアや全体でいくつか確認すると、ワークシートに書きやすくなるでしょう。

※3時間目のワークシートをここで配付します。家庭学習に追加してもよいかと思います。

⑥言葉に着目する視点を再確認し、今後の物語の読みや作文の記述に生かすことを価値付けておきたいです。

春風をたどって

②時間目

名前　　年　　組　　番

四つの場面《めん》の内容を整理《せい》して、ルウの行動《どう》や気持《も》ちをとらえよう。

❶ 場面《めん》ごとに「ルウ」の行動《どう》に着目《ちゃく》して、大まかな内ようを整理《せい》して、「〇〇しているルウ」とまとめましょう。

一	「ルウ」
二	「ルウ」
三	「ルウ」
四	「ルウ」

❷ 言葉《ば》に着目《ちゃく》して考えましょう。

● ［　　　　］をそのままあらわす言葉《ば》
「びっくりして」「　　　　」など

● ［　　　　］や［　　　　］をそのままあらわす言葉《ば》
「ためいきをつきます」「　　　　」など

● ［　　　　］をあらわす言葉《ば》
「さわやかな花のかおり」「　　　　」など

❸ 今日の学習《しゅう》をふりかえり、学んだことや感《かん》じたことを書きましょう。

春風をたどって

3 時間目

ワークシートの正答例

学習目標 気持ちがわかる言葉に着目して、中心人物の気持ちを考えることができる

3時間目

気持ちがわかる言葉を見つけ、登場人物の気持ちを考えよう。

❶本時のめあてを確認し、前時に見つけた気持ちがわかる言葉を、ペアで確認した後、発表する。（約10分）

次の3つの点（A～C）のどれに当たるかを示しながら、一カ所ずつ程度、気持ちがわかる言葉をページ数と行数を合わせて発表する。

A「ノノン」に対して、したことや言ったこと（赤線を引いた言葉）。

B 森や花ばたけを見ながら、したことや言ったこと（青線を引いた言葉）。

C 花ばたけについて書かれていること（黒線を引いた言葉）。

❷❶で挙げた言葉を参考にしながら、できるだけ場面を追って順序よく、3つの点（A～C）について、叙述を基に「ルウ」のどんな気持ちがわかるか話し合う。（約30分）

❸学習のふりかえりを行う。（約5分）

本時の学びや感想・評価を記述する。

解説

①叙述を根拠に考えることはとても大切です。そのために、前時にどんな言葉に着目すればよいかを学んでいます。まずは視点を整理・確認しながら、具体的にどんな言葉や文に着目したのかを交流するとよいでしょう。また、A～Cのどの観点に当たるか迷っている場合は、児童と共に考え、判断したり、指導したりする時間を作ってもよいと思います。

②①の活動と並行して、「○ページ○行目の『ノノン』に対して～～をしたという言葉から、『ルウ』の……という気持ちがわかります。」と発言できるとよいです。発言の例を示したり、根拠を明らかにして答えることを大事にさせたりすると、叙述を基に発言する習慣がつくはずです。また、どんな気持ちかを考える際に、巻末の「言葉の宝箱」を参考にさせると語彙が広がります。

③ふりかえりの視点を児童と共有し、他教材でも活用できるようにするとよいでしょう。

春風をたどって

③時間目

名前　年　組　番

気持《も》ちがわかる言葉《ば》を見つけ、ルウの気持《も》ちを考えよう。

❶ 次《つぎ》の３つの点（Ⓐ～Ⓒ）について言葉《ば》に着目《ちゃく》して、りすの「ルウ」の気持《も》ちがわかる言葉《ば》を見つけましょう。

	A「ノノン」にたいして	B　森や花ばたけを見ながら	C　花ばたけについて
教科書の言葉《ば》			
わかる「ルウ」の気持《も》ち			

❷ 今日の学習《しゅう》をふりかえり、学んだことや感《かん》じたことを書きましょう。

春風をたどって

4 時間目

ワークシートの正答例

学習目標

気持ちがわかる言葉に着目して、中心人物の気持ちの変容を捉えることができる

4時間目

気持ちがわかる言葉を基に、登場人物の気持ちの変化を考えよう。

❶前時の学習を想起し、本時のめあてを確認する。（約3分）

前時に考えた登場人物の気持ちを一つずつペアで確認した後、発表する。

❷物語が進むにつれて、次の2つの点に対して、「ルウ」の気持ちがどのように変わったのか、理由とともに考え、話し合う。（約15分×2）

A「ノノン」への気持ち（赤線を引いた言葉を基に）。

B見慣れた森への気持ち（青線を引いた言葉を基に）。

文章の型に沿って記述する。

❸本時までの学習を踏まえて、物語の最後の「ルウ」の気持ちを確かめ、物語を一文でまとめる。（約10分）

学習の手引きの「問い」を確認し、文章の型に沿って記述し、発表する。

❹次時の学習の見通しを持ち、意欲を高める。（約2分）

学習の手引きの「問い」を確認し、この先、どのようにくらしていくだろうか、投げかける。

解説

①前時の学習の様子や板書をICTを活用して見せたり、掲示したりすることで、想起しやすくなり、根拠となる叙述を基に、みんなで中心人物の気持ちを考えられたことを褒めると、児童の学習態度や意欲、自信を高められることができるでしょう。

②①の活動で「一場面は…だったけど、四場面には…。」などと比較しながら発言していた児童を評価し、物語は中心人物の気持ちや見方、考え方が変容することを押さえます。まずは、「はじめ」と「おわり」の変容に着目させ、ワークシートに記述させた後で、理由についてまとめさせるとよいと思います。

③なるべく端的に、キーワードを示してまとめられるように、ワークシートや板書をリンクさせます。書くことに戸惑っている児童がいたら、「『はじめ』…だったルウが、『理由』によって、『おわり』には…になる話。」と、「はじめ」「おわり」などの言葉を付け加えたり、色分けして示したりする手立てを行い、みんなで学習したことを生かせるようにしてください。

④物語の続きを自由に想像する楽しさを味わわせてあげたいものです。

春風をたどって

④ 時間目

名前　　年　組　番

気持《も》ちがわかる言葉《ば》に着《ちゃく》目して、ルウの気持《も》ちのへん化《か》や理由《ゆう》を考えよう。

❶ 物《もの》語が進《すす》むにつれて、「ルウ」はどのようにかわったでしょう。次《つぎ》の2つ（Ⓐ Ⓑ）について教科書の言葉《ば》に着《ちゃく》目して、表《ひょう》に整《せい》理しながら書きましょう。
理由《ゆう》は、物《もの》語のできごとや「ルウ」の物《もの》の見方などから考えましょう。

	はじめ	りゆう	おわり
A「ノノン」への気持《も》ち	教科書の言葉《ば》に「　　」とあるように（　　）気持《も》ちだったが、	←（　　）から、	教科書の言葉《ば》に「　　」とあるように（　　）気持《も》ちになった。
B 見なれた森への気持《も》ち	教科書の言葉《ば》に「　　」とあるように（　　）気持《も》ちだったが、	←（　　）から、	教科書の言葉《ば》に「　　」とあるように（　　）気持《も》ちになった。

❷ 今日の学習《しゅう》をふりかえり、物《もの》語を一文にまとめましょう。

だった「ルウ」が、
によって、
する（なる）話。

春風をたどって

5 6 時間目

ワークシートの正答例

学習目標 物語の続き話を書き、交流し、感想を伝え合うことができる

5時間目

4場面の続きを想像して、物語を書こう。

❶**本時のめあてを確認し、前時までの学習を想起しながら黙読する。**(約10分)
全文読み終わったら着席(挙手)する。

❷**物語の続きを想像し、ペアで交流する。**(約5分)
「ルウ」は、次の日からどのようにくらし、どのような景色に出会うだろうか、想像したことをペアで伝え合う。

❸**物語の続きを想像して書く。**(約30分)
学習の手引きの「ノートのれい」を読んで、イメージを持たせる。
登場人物の気持ちがわかる言葉(したことや言ったこと・場面の様子など)を入れて書くように促す。

解説

①授業時間内に、音読の時間を十分に確保することは難しいものです。場面ごとにでも家庭学習で行ったり、授業でも部分を指定して音読したりする活動は継続しておきましょう。

②すぐ書き始められるように、次の日のくらしのイメージを途中までで構わないので、交流します。ペアの考えや聞こえてくる声も参考にすることができます。

③続きの物語を書き終えたら、グループで読み合うことを予告し、さらに意欲を高めた上で、静かに取り組ませたいです。あくまでも、続き話なので、物語の世界観を崩さないよう留意しておきましょう。例えば、急にタイムマシーンなどが出て写真の世界を見ることができるのは、どうだろうか…と考えさせます。

6時間目

4場面の続きの物語を交流し、感想を伝え合おう。

❶**続きの物語をグループで読み合い、感想を伝え合う。**(約10分)
「おもしろい。」「もっと知りたい。」と思うことなどを付箋に書いて伝え合う。
グループのオススメ作品を選ぶ。

❷**作品を全体で交流する。**(約20分)
グループごとにオススメの作品を読んで紹介し、その作品のよさなど感想を交流する。

❸**本単元の学習をふりかえる。**(約10分)
初発の感想と変わったことや本単元の学習を通して学んだことを書き、発表する。

❹**今後の学習への意欲を高める。**(約5分)
友達について書かれた物語を紹介し、登場人物の気持ちを確かめながら読書することや図書館への関心を高める。

解説

①グループでできた作品の回し読みをする際に、感想を付箋などに記入して伝え合うと、作品のよさや児童への評価が残るのでよいです。交流している際の児童の笑顔を大切にしてください。

②オススメ作品の理由を伝え合うことで、聞く視点を持つことができます。

③本単元の学習を生かした感想が出てくると思います。その際、教師もすかさず褒めましょう。そうすることで、学習内容や学び方を価値付けることができ、児童自身も変容や成長を感じることができるでしょう。

④読書や図書室への興味・関心をもたせ、語彙力や読解力などの向上につながることを期待します。

春風をたどって

⑤⑥時間目

年　組　番
名前

物《もの》語のつづきを想《そう》ぞうして書き、交流《りゅう》して感想《かんそう》をつたえ合おう。

❶「ルウ」は、次《つぎ》の日から、どのようにくらしていくと思いますか。そして、どのようなけしきに出会うでしょうか。
物《もの》語のつづきを想《そう》ぞうして、学習《しゅう》したことを生かして原こう用紙に書きましょう。

言葉《ば》に着目《ちゃく》して
○気持《も》ちをそのままあらわす言葉《ば》
○したことや言ったことをあらわす言葉《ば》
○場面《めん》の様子《よう》をあらわす言葉《ば》

一文まとめ（※学習《しゅう》したものを使《つか》う。）
◎◎だった「ルウ」が、△△によって、
□□になる話。

❷作品《ひん》を読み合い、感想《かんそう》をふせんに書いてつたえ合いましょう。
「おもしろい！」「もっと知りたい！」などを見つけましょう。

❸たん元の学習《しゅう》をふりかえり、学んだことや、はじめの考えや学習《しゅう》からかわったことなどを書きましょう。

友情のかべ新聞

（光村図書）

中田江美

「この教材」ここがキモ！

「友情のかべ新聞」は、物語の語り手である「ぼく」が、「東君」と「西君」の起こす出来事に関する「なぞ」を解き明かしていく「ミステリー」です。

この物語には、好きなものが正反対で、仲が悪い「東君」と「西君」が登場します。この二人が仲良くなるために、担任の中井先生が考えた作戦は、「かべ新聞」を二人で作ること。この作戦によって、二人は、毎日、休憩時間を一緒に過ごすようになります。しかし、「二人は、本当に仲良くなったのだろうか」と、「ぼく」は疑問に思うのです。

児童の実生活でも、同様に、好きなものが正反対で、なかなか意見が合わないという関係性の子供たちの姿が見られることがあります。「どうして仲が悪い二人が、毎日、休み時間を一緒に過ごすようになったのか。」この疑問（なぞ）は、実体験に基づいて、児童から自然に生まれてくるもの、または、児童が共感しやすいものだと考えられます。

この「なぞ」を解き明かすために、伏線として書かれている、同じような事柄や、読者が「なぜだろう」と思うような登場人物の行動に着目して読むことが、この教材で大切なことです。「ぼく」が見た「東君」と「西君」の関係は、どのように変化したのか。また、教室の掲示板に「かべ新聞」を貼ったときの出来事と、その後の二人の行動について、「ぼく」が何を手掛かりに推理していったのか。これらについて、場面と場面のつながりを見つけながら読むことで、登場人物の変化や行動の理由を考える力をつけることができる教材です。

また、ミステリー作品を並行読書することで、ミステリーを読むおもしろさを実感し、読書の幅を広げることもできるとよいでしょう。

単元全体をどうつくるか？——全六時間

本単元では、つながりを見つけながら読んだことを「ぼく日記」にまとめ、それを基に感じたことや考えたことを友達と交流する活動を、言語活動として設定しています。

第一次では、まず、「友情のかべ新聞」は、「ミステリー」であり、作品の中で生まれた「なぞ」が解き明かされていく物語であることを押さえます。そして、この物語で解き明かされる「なぞ」は何かという観点で通読を行い、物語の内容の大体をつかみます。その後、この物語で解き明かされる「なぞ」とは、「どうして仲が悪い『東君』と『西君』が、毎日、休み時間を一緒に過ごすようになったのか。」であることを確認します。この「なぞ」を解き明かすために、つながりを見つけながら読むことを押さえた上で、学習課題を設定し、単元全体の見通しを持つことができるようにします。

第二次では、同じような事柄や、読者が「なぜだろう」と思うような登場人物の行動が書かれているところに着目しながら読むことを大切にして、学習を進めます。例えば、「同じような事柄」としては、「東君」と「西君」の好きなものである「サッカー」や「読書」、「赤」と「青」などの言葉が何度か出てきます。「読者が『なぜだろう』と思うような登場人物の行動」としては、「西君が先生の方を見ていると、…」「東君が職員室の方へ行こうとすると、…」「二人は、油性ペンをさわろうともしなかった。」などの登場人物の行動が描かれています。これらの言葉や文章に印を付けたり線を引いたりして、場面と場面を結び付けながら、登場人物の変化や行動について考えることができるようにしていきましょう。

第三次では、第二次にまとめた「ぼく日記」を基に、物語でおもしろいと思ったことを、友達と交流するようにします。このことで、友達との感じ方の違いに気付き、「ミステリー」を読むおもしろさを実感できるでしょう。

学習目標

○登場人物の行動や気持ちなどについて、叙述を基に捉えること。（中学年読むことイ）
○場面と場面を結び付けながら、登場人物の変化や行動の理由を考えること。（中学年読むことエ）
○感じたことや考えたことを友達と交流し、感じ方の違いに気付くこと。（中学年読むことカ）

単元名

つながりを見つけながら読み、おもしろいと思ったことを話し合う

第一次
見通す

1時間目

通読を通して、物語の内容の大体をつかみ、単元の見通しを持つ。

物語の通読を通して、中心人物と語り手、大まかな出来事を捉える。

この物語の「なぞ」を確認した上で、学習課題を設定し、単元の見通しを持つ。

第二次
つかむ

2時間目

つながりを見つけながら読み、「ぼく日記」にまとめる。

一場面（P66〜P67）を読み、登場人物の特徴を捉える。

二場面（P68〜P69）を読み、中井先生が考えた作戦を押さえる。

三場面（P70〜P71 12行目）を読み、掲示板に貼られたかべ新聞について捉える。

一場面と三場面で、同じような事柄が書かれているところを見つけ、印を付ける。また、三場面で、読者が「なぜだろう」と思うような登場人物の行動が書かれているところを見つけ、線を引く。

読んだことを、初めの月曜日の「ぼく日記」にまとめる。

3時間目

つながりを見つけながら読み、「ぼく日記」にまとめる。

四場面（P71 13行目〜P73 6行目）を読み、火曜日から金曜日までの「東君」と「西君」の行動を捉える。

五場面（P73 7行目〜P74 2行目）を読み、金曜日の放課後の「ぼく」の行動を捉える。

四場面と五場面で、これまでの場面と同じような事柄が書かれているところを見つけ、印を付ける。また、読者が「なぜだろう」と思うような登場人物の行動が書かれているところを見つけ、線を引く。

読んだことを、火曜日から金曜日までの「ぼく日記」にまとめる。

4時間目

つながりを見つけながら読み、「ぼく日記」にまとめる。

六場面（P74 3行目〜P75 7行目）と七場面（P75 8行目〜P77）を読み、「あの日（＝前の週の月曜日）の放課後」にあった出来事を捉える。

六場面と七場面で、これまでの場面と同じような事柄が書かれているところを見つけ、印を付ける。

読んだことを、土曜日から次の週の月曜日の「ぼく日記」にまとめる。

5時間目

つながりを見つけながら読み、「ぼく日記」にまとめる。

八場面（P77 12行目〜P78 6行目）と九場面（P78 8行目〜P79 6行目）を読み、「東君」と「西君」は本当に仲良くなったことを捉える。

八場面と九場面で、これまでの場面と同じような事柄が書かれているところを見つけ、印を付ける。

読んだことを、その後の「ぼく日記」にまとめる。

第三次
まとめる

6時間目

物語でおもしろいと思ったことを話し合う。

第二次にまとめた「ぼく日記」を基に、物語でおもしろいと思ったことを書く。書いたことを基に、友達と話し合う。

本単元のふりかえりを行う。

友情のかべ新聞

① 時間目

ワークシートの正答例

学習目標 学習計画を立てる

1時間目

通読を通して、物語の内容の大体をつかみ、単元の見通しを持とう。

❶「ミステリー」とは、どのような物語であるかを押さえる。（約5分）

❷「友情のかべ新聞」の教師の範読を聞く。（約15分）

❸中心人物と語り手を確認する。（約5分）

❹物語の内容の大体を捉える。（約10分）

❺本単元のゴールを確認し、それを踏まえた学習計画を立てる。（約10分）

解説

①「ミステリー」とは、作品の中で生まれた「なぞ」が解き明かされていく物語であることを押さえます。その際、ミステリー作品をいくつか紹介します。このことで、児童に、「ミステリー」を読むことに対する興味を持たせることができるでしょう。

②中心人物と語り手は誰か、物語の内容の大体、解き明かされる「なぞ」は何かという三つの観点で、教師の範読を聞かせます。範読を聞かせた後、児童の発言の中で、「なぞ」を解き明かすための伏線に気付くものがあれば、全体で共有しましょう。この段階で、児童の気付きが出なければ、学習過程⑤の段階で、教師が提示しましょう。本単元では、「同じような事柄が書かれているところ」や「読者が『なぜだろう』と思うような登場人物の行動が書かれているところ」、つまり「つながり」を見つけながら読んでいくことを確認します。

③中心人物は「東君」と「西君」、語り手は「ぼく」であることを押さえます。それぞれの人物の特徴については、2時間目に行います。本時では、「東君」と「西君」は仲が悪いということ、「ぼく」は二人のクラスメートであることのみを確認します。

④物語の「設定」「展開」「山場」「結末」の内容の大体を、次のように捉えさせます。

○設定…仲の悪い「東君」と「西君」が一緒にかべ新聞を作った。
○展開…「東君」と「西君」は、毎日休み時間を一緒に過ごすようになった。
○山場…物語の「なぞ」が解き明かされる。
○終末…「東君」と「西君」は、本当に仲が良くなった。

⑤この物語で解き明かされる「なぞ」とは、「どうして、仲の悪い『東君』と『西君』が、毎日休み時間を一緒に過ごすようになったのか。」であることを確認します。そして、本単元の学習課題を、「つながりを見つけながら読み、おもしろいと思ったことを話し合おう」と設定します。このことで、単元全体の見通しを持つことができるようにします。

友情のかべ新聞

①時間目

年　組　番　名前

学習計画を立てよう。

❶「ミステリー」とは、どのような物語でしょうか。

作品の中で生まれた［　　］がとき明かされていく物語

❷この物語の中心人物は、だれでしょう。

中心人物……［　　］［　　］

語り手……［　　］

❸この物語の大まかな出来事をたしかめましょう。

せっ定……［　　］

てん開……［　　］

山場……［　　］

終末《まつ》……［　　］

❹この物語の中でとき明かされる「なぞ」とは、何でしょう。

［　　］

友情のかべ新聞

②③④⑤時間目

ワークシートの正答例

学習目標 つながりを見つけながら読み、「ぼく日記」にまとめる

2〜5時間目

つながりを見つけながら読み、「ぼく日記」にまとめよう。

第二次（2〜5時間目）では、取り扱う場面は違うものの、どの時間においても、以下の流れで学習を進める。

❶それぞれの場面に書かれている内容を捉える。（約15分）

❷同じような事柄が書かれているところを見つけて、印を付ける。また、読者が「なぜだろう」と思うような登場人物の行動が書かれているところを見つけて、線を引く。（約20分）

❸読んだことを、「ぼく日記」にまとめる。（約10分）

なお、「指導計画」にも示したとおり、2〜5時間目に取り扱う場面は、次のように設定している。

2時間目…一場面（P66〜P67）
二場面（P68〜P69）
三場面（P70〜P71 12行目）

3時間目…四場面（P71 13行目〜P73 6行目）
五場面（P73 7行目〜P74 2行目）

4時間目…六場面（P74 3行目〜P75 7行目）
七場面（P75 8行目〜P77）

5時間目…八場面（P77 12行目〜P78 6行目）
九場面（P78 8行目〜P79 6行目）

解説

①それぞれの場面において、次の内容を捉えさせます。

【2時間目】
一場面…登場人物の特徴
二場面…中井先生が考えた作戦
三場面…掲示板に貼られたかべ新聞

【3時間目】
四場面…火曜日から金曜日までの「東君」と「西君」の行動
五場面…金曜日の放課後の「ぼく」の行動

【4時間目】
六場面と七場面…「あの日（＝前の週の月曜日）の放課後」にあった出来事

【5時間目】
八場面と九場面…「東君」と「西君」は本当に仲良くなったこと

②「同じような事柄が書かれているところ」と、「読者が『なぜだろう』と思うような登場人物の行動が書かれているところ」を区別して見つけさせるために、前者には印を付け、後者には線を引くようにするとよいでしょう。両者とも同じ「つながり」ではありますが、観点の違いを意識させて見つけさせたいものです。2時間目は全体で、3時間目はペアで、4・5時間目は各自でつながりを見つけながら読むようにします。段階的な学習過程を設定することで、どの児童にも「つながりを見つけながら読む」力をつけさせましょう。

③読んだことを「ぼく日記」にまとめることで、それぞれの場面に書かれている内容を確認するとともに、「ぼく」の気持ちを捉えることができるようにします。第三次では、おもしろいと思ったことについて友達と交流する活動を行いますので、それぞれの場面でおもしろいと思ったことがあれば、その箇所に印（②で付けた印とは異なるもの）を付けさせるとよいでしょう。このことで、単元のゴールを見通して、学習を進めることができます。

友情のかべ新聞

②時間目

名前　年　組　番

一場面から三場面を読んで、「ぼく日記」にまとめよう。

❶「東君」「西君」「ぼく」の特《とく》ちょうについてたしかめましょう。

東君	
西君	
ぼく	

❷中井先生が考えた作戦《せん》は、何でしょう。

❸かべ新聞に書かれていた記事について、たしかめましょう。

新聞の右側《がわ》	
新聞の左側《がわ》	

❹一場面と三場面で、同じような事がらが書かれているところを見つけ、印《しるし》を付《つ》けましょう。

❺読者が「なぜだろう」と思うような登場人物の行動が書かれているところを見つけ、線をひきましょう。

❻今日学習したことをもとに、「ぼく日記」の月曜日のらんにまとめましょう。

友情のかべ新聞

③時間目

名前　年　組　番

四場面と五場面を読んで、「ぼく日記」にまとめよう。

❶ 火曜日から金曜日までの「東君」と「西君」の行動について、たしかめましょう。

火	水	木	金

❷ 四場面と五場面で、これまでの場面と同じような事がらが書かれているところを見つけ、印《しるし》を付《つ》けましょう。

❸ 読者が「なぜだろう」と思うような登場人物の行動が書かれているところを見つけ、線を引きましょう。

❹ 今日学習したことをもとに「ぼく日記」の火曜日から木曜日のらんにまとめましょう。

友情のかべ新聞

4 時間目

名前　　年　組　番

六場面と七場面を読んで、「ぼく日記」にまとめよう。

❶ 金曜日の放課《か》後から月曜日の朝まで、「ぼく」はどのような気持ちだったのかを想ぞうしましょう。

❷ 「ぼく」のすい理したことについて、たしかめましょう。

あの日の放課《か》後、二人はもみ合い、 ←　　 ←　　 ← いっしょにいるうちに、

❸ 六場面と七場面で、これまでの場面と同じような事がらが書かれているところを見つけ、印《しるし》を付《つ》けましょう。

❹ 今日学習したことをもとに、「ぼく日記」の土曜日から次の週の月曜日のらんにまとめましょう。

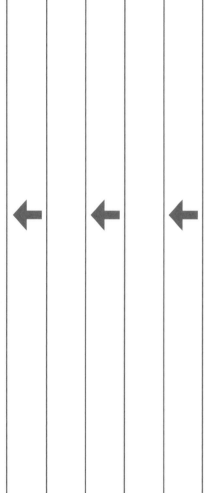

友情のかべ新聞

⑤ 時間目

名前　年　組　番

八場面と九場面を読んで、「ぼく日記」にまとめよう。

❶ セロハンテープで直したかべ新聞を見た「ぼく」は、どのような気持ちだったのかを想ぞうしましょう。

❷ 「東君」と「西君」の関係《かん》の変化《へん》について、たしかめましょう。

はじめは、 ← ← ← 最後《さい》には、

❸ 八場面と九場面で、これまでの場面と同じような事がらが書かれているところを見つけ、印《しるし》を付《つ》けましょう。

❹ 今日学習したことをもとに、「ぼく日記」の月曜日と火曜日のらんにまとめましょう。

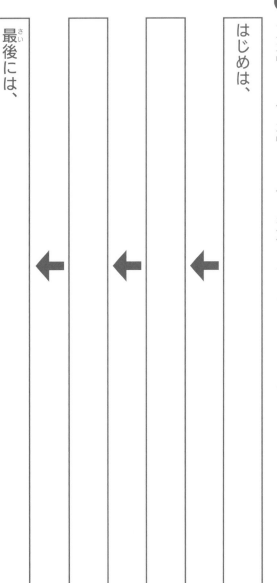

友情のかべ新聞②③④⑤時間目

名前　年　組　番

ぼく日記　※2～5時間目で、学習の最後《さい》の場面で使います。

月

火

水

木

金

土・日

月

火

友情のかべ新聞

6 時間目

ワークシートの正答例

学習目標 物語で面白いと思ったことを話し合う

6時間目

物語でおもしろいと思ったことを話し合おう。

❶第二次（2時間目から5時間目）でまとめた「ぼく日記」を読み、「友情のかべ新聞」でおもしろいと思ったことを、理由とともに書く。（約10分）

❷❶で書いたことを友達と話し合い、思ったことや考えたことを書く。（約25分）

❸本単元の学習をふりかえる。（約10分）

解説

①自分が書いた「ぼく日記」を読み返すことで、物語を読んでおもしろいと思ったことを確認します。その後、おもしろいと思ったことを理由とともに書くようにします。

その際、おもしろいことであれば何でもよいのではなく、学習課題の中にある「つながりを見つけながら読み」と照らし合わせ、『なぞ』が解き明かされる中で、『おもしろい』と思った文章や言葉はどこか」という観点で、おもしろいと思ったことを、理由をつけて書くようにします。

②①で書いたことを、班の友達と話し合う場を設定します。

その際には、自分との共通点や相違点に着目させます。

交流後には、交流の中での気付きを書くようにします。ねらいに即した児童の記述内容を取り上げ、全体で共有するとよいでしょう。

このことで、感じ方の違いに気づくことができるようにします。

③本単元を通して、わかったこと・できるようになったこと（知識・技能）、思ったことや考えたこと（思考力・判断力・表現力等）、これからの生活や学習に生かしたいこと（学びに向かう力）についてふりかえります。

その際には、学習過程①と同様に、学習課題と照らし合わせることが大切です。ここでも、ねらいに即した児童の記述内容を取り上げ、全体で共有するとよいでしょう。

このことで、学びの価値に気づかせるとともに、日常の生活場面や他教科の学習、次の物語文を読む学習に学びを関連付けていくことを意識づけさせます。

友情のかべ新聞

6 時間目

名前　年　組　番

「友情のかべ新聞」でおもしろいと思ったことを話し合おう。

❶「友情のかべ新聞」でおもしろいと思ったことを、理由とともに書きましょう。

「友情のかべ新聞」を読んで、おもしろいと思ったのは、

その理由は、

❷書いたことを友達《だち》と話し合い、思ったことや考えたことを書きましょう。

❸「友情のかべ新聞」の学習を通して、思ったことや考えたことを書きましょう。

スワンレイクのほとりで（光村図書）

吉岡大泰

「この教材」ここがキモ！

自分の世界を広げるきっかけは、色々な所にあります。特に外国の文化に触れることは、自分の世界を広げる絶好のチャンスです。「スワンレイクのほとりで」は、中心人物である「歌」が初めての海外旅行で父親と共にアメリカを訪れた際、そこで知った多様な人種が入り交じるアメリカという国に驚き、そこで出会ったグレンとの心の交流を通して、自分の夢を強く心に抱く物語です。物語は大きく三部構成となっています。①日本で原稿用紙を広げて夏休みのことを思い出す【現在】②夏休みのアメリカでの出来事【過去】③再び原稿用紙に取りかかる【現在】です。

この新教材の価値は、中心人物の心情を通して多様性（ダイバーシティ）への理解を深めることができることです。文化や社会、価値観が違う様々な人々が互いを尊重し合い受け入れることで、共に新たな社会を創造していくという考え方は、これからを生きる子供たちに大切にしてほしいものです。

授業を行う時に大切にしたいことは、物語が最初から最後まで「歌」の一人称視点で書かれている点です。物語の中にある美しい自然の描写は「歌」の目を通して書かれており、物語の重要な場所であるスワンレイクは「歌」の心情の動きと共に表現されています。学習者には、グレンに会う前日の「歌」の不安な気持ちやグレンと心が通じ合った時の喜びがスワンレイクの描写と共に表現されていることに気づかせていきましょう。そして、「私たちの心の中」という言葉から、「歌」が心の通じ合いを感じた野菜畑での会話に注目しながら中心人物の心の変容を捉えさせていきましょう。

単元全体をどうつくるか？ ―― 全七時間

本教材が中学年における物語の学習のまとめとなるように、意識したいことは『視点』と『描写』です。

単元の流れは、まず導入として児童に夏休みや冬休みにどこかに出かけた経験を自由に話し合わせます。学習者から話が出なければ、教師が自分の話をしてもいいでしょう。そして、旅行に行くと新しい発見があることを確認して、この物語における新しい発見とは何かを考えながら教師の範読を聞くようにします。その後、物語の中で心に残ったことを初発の感想に書きます。もしここで、中心人物である「歌」が原稿用紙に書きたかったことは何かを考える学習者がいれば全体に紹介したいものです。

次に、物語全体を「時」の表現を根拠に八場面に分け、中心人物が歌であることや歌の『視点』で物語を読むことを確認します。その後、歌が最後に原稿用紙に書きたいことは何かを問いかけ、「歌の原稿用紙の続きを考えよう」という学習課題を設定していきます。

単元の学習活動は大きく2つです。1つ目は、「日記を書く」学習活動です。まず、学習者に歌が日記を書くなら何日分必要かを問いかけ、「①スーパーマーケット」「②グレンと会う前日」「③グレンと会った日」の三日分の日記を書いていきます。日記ごとに必ずスワンレイクの『描写』や歌の言葉を入れることで歌の心情を捉えていきます。2つ目は、「歌の思い出ベスト3を考える学習活動です。ここでは、前時までの日記を手がかりにしながら、歌の心情が大きく変容した野菜畑の場面に焦点を当てていきます。グレンとの心の通じ合いを感じた出来事やグレンの言葉を歌がどう受け取ったのかを考えることで歌の変容を捉えます。

最後に、歌の原稿用紙の続きを想像して書きます。書きにくい場合は、「スワンレイク」「野菜畑」「友達」というキーワードを提示します。書いた文章を友達と読み合って感想を伝え合い、まとめの感想を書いて単元を終えるようにします。

学習目標

○歌の行動や気持ちについて、叙述を基に捉えること。（中学生読むこと イ）
○登場人物の気持ちの変化を情景や場面の移り変わりと結び付けて具体的に想像すること。（中学年読むこと エ）
○感じたことや考えたことを友達と交流し、感じ方の違いに気づくこと。（中学年読むこと カ）

単元名

視点と描写に注目して読み、登場人物の気持ちの変化を捉える

第一次 見通す

1時間目　通読を通して、物語の初発の感想を書く。

夏休みや冬休みにどこかに出かけた思い出を話し合う。

物語の通読を通して、心に残ったことや疑問に思ったことを初発の感想に書く。

初発の感想をペアで発表し合い、その後、全体で発表する。

2時間目　場面分けを通して、物語の構成を理解する。

全文を音読する。物語を「時」や「場所」に着目して八つの場面に分ける。

物語の語り手について確認し、「歌」の視点で書かれていることを知る。

学習課題「歌の原稿用紙の続きを考えよう」を設定する。

第二次 つかむ

3時間目　歌の日記（スーパーマーケット編）を書くことを通して、歌の心情をつかむ。

★中心人物の日記を書くなら、何日分の日記になるか考える。
二場面を音読する。

「①スーパーマーケット」を題名にして、歌の日記を書く。

スワンレイクの描写や歌の言葉など歌の心情の根拠となる文章に線を引く。

全体交流の後、もう一度自分の日記を加筆・修正する。

4時間目　歌の日記（グレンと会う前日編）を書くことを通して、歌の心情をつかむ。

三場面を音読する。

「②グレンと会う前日」を題名にして、歌の日記を書く。

スワンレイクの描写や歌の言葉など歌の心情の根拠となる文章に線を引く。

全体交流の後、もう一度自分の日記を加筆・修正する。

5時間目　歌の日記（グレンと会った日編）を書くことを通して、歌の心情をつかむ。

四場面を音読する。

「③グレンと会った日」を題名にして、歌の日記を書く。

スワンレイクの描写や歌の言葉など歌の心情の根拠となる文章に線を引く。

全体交流の後、もう一度自分の日記を加筆・修正する。

6時間目　歌の思い出ベスト3を考えることを通して、歌に大きな変容をもたらしたグレンとの関わりについて考える。

書いた日記をふりかえり、歌の思い出ベスト3を考え、ペアや全体で発表する。

野菜畑のグレンとの会話に注目して、どうしてここが思い出に残ったのか話し合う。

八場面の歌の「私たちの心の中には野菜畑の思い出がある」という言葉を基に、七場面の言葉の壁を越えて通じ合う二人の様子をつかむ。

第三次 まとめる

7時間目　歌の原稿用紙の続きを考えることを通して、歌の変容をまとめる。

一場面の「夏休みにお父さんと」の続きにつながるように、原稿用紙の続きを考える。

書いた文章を友達と読み合い、感想を伝える。その後、まとめの感想を書く。

スワンレイクのほとりで

① 時間目

ワークシートの正答例

学習目標 物語を読んで心に残ったことや疑問に思ったことを初発の感想に書くことができる

1時間目

スワンレイクのほとりでを読んで初発の感想を書こう。

❶夏休みや冬休みにどこに行ったか話し合う。（約5分）

❷旅行に行った児童の話を取り上げる、または、教師が旅行に行った話をする。その時、旅行先で新しい発見をした話をする。（約2分）

❸本時のめあてを書く。（約3分）
本時のめあて：
「スワンレイクのほとりで」を読んで初発の感想を書こう。

❹教師の範読を聞く。（約10分）

❺物語の中で「心に残ったこと」「疑問に思ったこと」を初発の感想に書く。（約10分）

❻初発の感想をペアで発表し合い、全体で話し合う。（約25分）

解説

①物語に興味を持たせるために自由に話をさせる。その際、旅行に行った児童の話を詳しく聞くようにします。

②旅行に行った児童の話を取り上げ、どんな新しい発見があったかを聞きます。聞いた後、全体にも同じことを聞き、共感を得るようにします。

③黒板に、題名と作者名を板書し、本時のめあてを書きます。

④範読をする前に、この物語の主人公にはどんな新しい発見があったかを考えながら聞くように伝えます。そうすることで、物語を読む観点を持って児童が聞くことができます。

⑤初発の感想を書きます。書く時間を5分設定し、書けていない児童がいた場合、さらに3分伸ばします。

⑥ペアで初発の感想を発表する際は、互いに向かい合うと話合いがしやすくなります。また、どちらから発表するか指定してもよいでしょう。その際、聞いた方が必ず反応を返すように指示します。
全体発表では、特に歌の疑問に思ったことを中心に話し合い、歌の原稿用紙の続きが気になる児童を取り上げます。

最後に、ペアの感想を聞いて感じたことを書くようにします。

スワンレイクのほとりで ①時間目

名前　年　組　番

スワンレイクのほとりでを読んで初発《しょはつ》の感想を書こう。

❶ 物語を読んで、初発《しょはつ》の感想を書きましょう。

❷ 初発《しょはつ》の感想（心に残《のこ》ったこと）

❸ 初発《しょはつ》の感想（疑問《ぎもん》に思ったこと）

❹ ペアの友達の初発《しょはつ》の感想を聞いて、「なるほど」と思ったこと

スワンレイクのほとりで

② 時間目

ワークシートの正答例

学習目標 場面分けを通して、物語の構成を考えることができる

2時間目

場面分けを通して物語のこう成を考えよう。

❶本時のめあてを知る。（約3分）
本時のめあて：場面分けを通して物語のこう成を考えよう。

❷場面分けの仕方を確認する。（約5分）

❸全文を音読して、どの文章で場面が変わるのか考える。（約5分）

❹一場面と二場面を全員で確認しながら場面分けをする。三場面からは個人で場面分けを考える。（約5分）

❺どこで場面を分けたのか、全体で話し合い、八つの場面に分ける。（約10分）

❻物語の語り手が歌であることを確認する。（約2分）

❼八つの場面を「設定」「展開」「山場」「結末」の四つの構成に分ける。（約10分）

❽本単元の学習課題：歌の原稿用紙の続きを考えることを確かめる。（約5分）

解説

①昔話（桃太郎、浦島太郎など）を例にしながら、どんな物語も場面からできていることを伝え、本時のめあてを板書します。

②場面分けの三つの観点「時」「場所」「人物」のどれか一つが変わるところで場面分けをすることをプリントのように清書しながら確認します（まだプリントは配布しません）。

③全文プリントを作成し、教科書の全文が一枚で把握できるものを使います。この物語は、どこで場面分けができるのかを考えながら音読するように伝えます。

④教師が八つの場面に分けたことを伝え、「どこで場面分けをしたか」と問いかけることでクイズのように楽しみながら考えるようにします。
まだプリントを配らず、一場面と二場面は場面分けの仕方を全員で確認しながら一緒に考えましょう。その際、場面分けの根拠も考えるようにします。
一場面：「つくえの上に」
二場面：「夏休みに、」（時）が根拠

⑤プリントを配布し、場面分けの根拠をもとにしながら個人で考えさせます。
三場面：「お父さんといっしょ」（場所）
四場面：「そんなある日」（時）
五場面：「よく朝は、」（時）
六場面：「二人で、野菜畑へ」（場所）
七場面：「野菜畑を一回りしたあと」（時）
八場面：「あのまぶしい夏の午後」（時）

⑥この物語の主人公（最も心情が変容した人物）が歌であることを確認し、物語が歌の一人称視点で書かれていることに気付くようにします。

⑦「山場」は中心人物の心が最も大きく変わったところであることを伝え、七場面が山場であることを確かめてプリントに書きます。四つの構成は順に一、二〜六、七、八となります。

⑧本単元の課題につながる初発の感想の疑問を取り上げ、学習課題を提示します。でなければ、教師が提示します。

スワンレイクのほとりで ②時間目

場面分けを通して、物語のこう成《せい》を考えよう。

名前　年　組　番

❶ 場面分けの三つのじょうけん

場面は、［　　］［　　］［　　］の
どれかが変わるところで分ける。

❷ 教科書に場面分けを書きましょう。
各場面の最初《さいしょ》の言葉を写しましょう。

場面	最初の言葉	場面分けのじょうけん
一場面	つくえの上に	
二場面	夏休みに	時
三場面		場所
四場面		時
五場面		時
六場面		場所
七場面		時
八場面		時

❸ 物語の場面を「せっ定」「てん開」「山場」「結末《けつまつ》」の四つに整理しましょう。

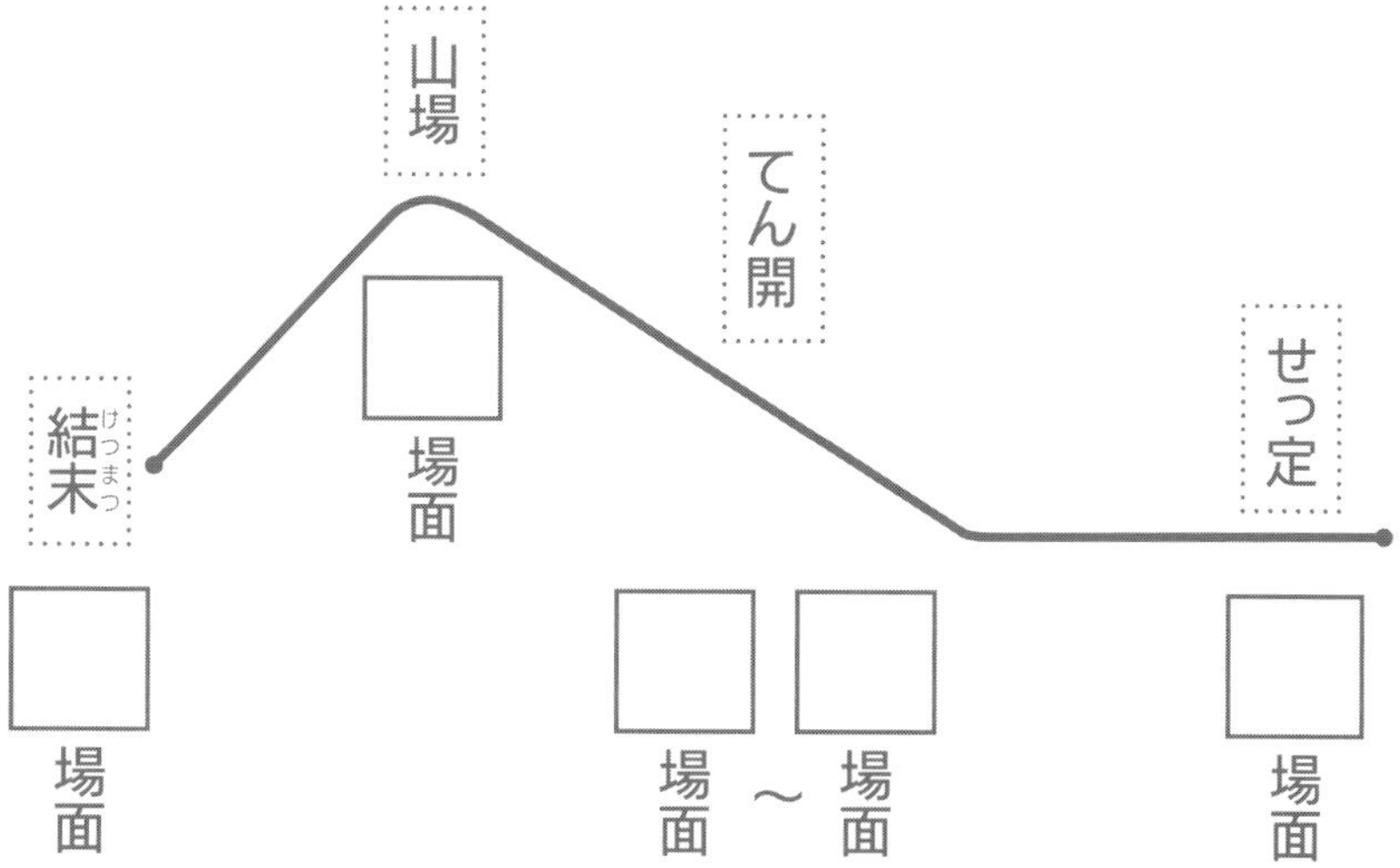

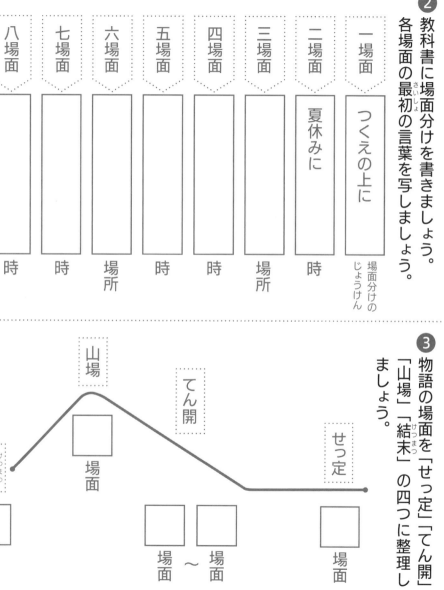

スワンレイクのほとりで

③時間目

ワークシートの正答例

学習目標 歌の日記（スーパーマーケット編）を書くことを通して、様々な人種を受け入れているアメリカの文化を知った歌の心情を考えることができる

3時間目

歌の日記（スーパーマーケット編）を書こう。

❶**単元の学習課題を確認し、歌が夏休みにどこに行ったのか確認する。**（約2分）

❷**アメリカ旅行の日記を書くなら、何日分必要か考える。**（約3分）

❸**二場面と三場面を音読する。**（約8分）
二場面の歌の心情である「おどろきと発見の連続」という言葉に赤線を引く。

❹**本時のめあてを確認する。**（約2分）
本時のめあて：歌の日記（スーパーマーケット編）を書こう。

❺**①スーパーマーケットを題名にして、歌になったつもりで日記を書く。文章中のどの言葉を根拠に日記を書いたかわかるように、本文中の言葉に線を引く。**（約15分）

❻**ペアで交流し、全体で発表する。**（約10分）
発表後に自分の日記を加筆・修正する。

❼**アメリカと日本との違いについて考えをまとめる。まとめたことをふりかえりに書く。**（約5分）

解説

①前時に確認した単元の学習課題を確認して、本時の学習とのつながりを意識できるようにします。

②歌が旅行に行った国はどこかを問います。その後、歌がもしアメリカで日記を書いていたなら何日分の日記が必要か考えるようにします。そして、「時」の表現を根拠に①スーパーマーケット編②グレンに会う前日③グレンに会った日の三日分の日記が必要であることを確認します。

③音読は一斉読みをします。間違えた時は止めて、読み方を確認しながら再び読み直します。その後、歌のアメリカ旅行の感想を一言でいうと何かを問い、「おどろきと発見の連続」に赤線を引くようにします。

④プリントを配付して、全員でめあてをプリントに写すようにします。

⑤個人の時間を5分取ります。書き始めが思いつかない児童がいれば、「私がスーパーマーケットに行った時」など書き出しを伝えます。根拠にした文章に赤線を引くように伝えます。

⑥第1時と同じやり方でペア発表をします。全体発表では、数人の児童の日記を聞いた後、根拠となる言葉に全員で線を引いていきます。多様な人種に関する言葉だけでなく、森のリスの種類などにも線を引くのもいいです。特に、真琴さんの言葉の「いろんな人種の人たちみんながアメリカ人」に線を引いて、歌のおどろきと発見を感じられるようにしましょう。

⑦本時のふりかえりは、アメリカと日本を比べることで、「多様な人種＝人と違って当たり前」と受け入れられているアメリカの文化について自分の言葉でまとめるように伝えましょう。

スワンレイクのほとりで

④時間目

学習目標 歌の日記（グレンと会う前日編）を書くことを通して、グレンと友達になりたいと願う歌の不安と期待が混じった心情を考えることができる

4時間目

歌の日記（グレンと会う前日編）を書こう。

❶グレンに会う前日は、どこの場面か確認する。

❷本時のめあてを確認する。
本時のめあて：
歌の日記（グレンと会う前日編）を書こう。

❸四場面を音読する。

❹②グレンと会う前日を題名にして、歌になったつもりで日記を書く。文章中のどの言葉を根拠に日記を書いたかわかるように、本文中の言葉に線を引く。

❺ペアで交流し、全体で発表する。
発表後に自分の日記を加筆・修正する。

❻「描写」という言葉を知り、スワンレイクの景色と歌の心情を結びつけて歌の不安と期待が入り交じった気持ちを想像する。想像したことをふりかえりに書く。

解説

①グレンと会う前日はどの場面だったかを教師ではなく児童が発表するようにします。児童が自然と、本時のめあてを意識できるようになります。

②プリントを配付して、全員でめあてをプリントに写すようにします。グレンに会う前の歌の気持ちを想像することを伝えましょう。

③音読は一斉読みをします。音読後、日記の題名を考えるようにして、「グレンと会う前日の雨」など天気に関する言葉を入れると後の「描写」と心情を考える学習活動につながります。

④個人の時間を5分取ります。書く時に、本文のどの言葉を根拠にしたのか、赤線を引くように伝えます。書き出しがわからない児童には「明日、グレンと会うことになった。」という書き出しを伝えましょう。

⑤前時と同様のペア発表をします。前時と同じように数人の児童の日記を聞いた後、根拠となる言葉に全員で線を引いていきます。特に、歌の言葉の「友達になれたらいいな。」「なれるかな。」を取り上げ、友達になれないかもしれないと不安に思うのはなぜかを考えたいものです。そうすることでこの後の学習にあるグレンと心が通じ合った野菜畑での歌の喜びが大きく感じられるようになります。

⑥歌の不安と期待の二つの気持ちをまとめた後、「描写」と黒板に大きく書きます。描写は、人物の気持ちが風景の見え方に表れたものであることを伝え、歌の不安な気持ちがスワンレイクの描写に表れていることを児童が読み取れるようにします。そして、「真っ青だった」から「黒っぽい雲のかげ」「雨がふり始めた。」という天気に関わる「描写」と湖「に関わる「描写」を確認して、想像したことをふりかえりに書くようにしましょう。

スワンレイクのほとりで

⑤時間目

学習目標 歌の日記（グレンと会う日編）を書くことを通して、言葉の壁を越えてグレンと心を通わせた歌の心情を考えることができる

5時間目

歌の日記（グレンと会う日編）を書こう。

❶グレンに会う日は、どこの場面か確認する。（約2分）

❷本時のめあてを確認する。（約2分）
本時のめあて：歌の日記（グレンと会う日編）を書こう。

❸五・六・七場面を音読する。（約6分）

❹③グレンと会う日を題名にして、歌になったつもりで日記を書く。文章中のどの言葉を根拠に日記を書いたかわかるように、本文中の言葉に線を引く。（約10分）

❺ペアで交流し、全体で発表する。（約15分）
発表後に自分の日記を加筆・修正する。

❻前日の歌の気持ちとグレン会った日の気持ちを比べて分かったことを書く。（約8分）

❼次時では、歌の思い出ベスト3を考えることを知り、前時の見通しを持つ。（約2分）

解説

①グレンと会う日は何場面だったかを児童が発表するようにします。児童が自然と、本時のめあてを意識できるようになります。

②プリントを配付して、全員でめあてをプリントに写すようにします。

③音読は一斉読みをします。間違えた時は止めて、読み方を確認しながら再び読み直します。

④本時では、日記の題名が多様に広がることが想定されます。「グレンと会う日」「グレンとの思い出」「野菜畑で」など多様的な題名を発表することで、日記の中身を焦点化して書くとよいでしょう。そして、自分が日記に書きたい場面に赤線を引くように伝えます。個人の時間を5分取ります。

⑤前時と同様のペア発表をします。全体での発表では、前時と同じように数人の児童の日記を聞いた後、根拠となる言葉に全員で線を引いていきます。ここでは、五場面、六場面、七場面と歌の気持ちが少しずつ高まっていることに児童が気付くように板書しましょう。

⑥前時で書いたグレンと会う前日の日記を読み、二つの日記を比べてわかったことを書かせるようにしましょう。スワンレイクの「描写」を比べる児童がいれば、全体で紹介しましょう。そして、グレンと心を通わせた歌の喜びや感動を自分の言葉でまとめられるようにしましょう。

⑦次時では思い出ベスト3を考えることを予告して、児童にわくわく感を持たせて次の学習への期待を高めましょう。

スワンレイクのほとりで

③④⑤時間目

名前　年　組　番

❶ 歌の日記を想像《そうぞう》して書きましょう。教科書のどの言葉から想像《そうぞう》したのかわかるように、教科書に赤線を引きましょう。

❷ 日記の題名

❸ 歌の気持ちをくらべてみて、気づいたことを書きましょう。

スワンレイクのほとりで

⑥時間目

ワークシートの正答例

学習目標 歌の思い出ベスト3を書くことを通して、歌に大きな変容をもたらしたグレンとの関わりに気づくことができる

6時間目

歌の思い出ベスト3を書こう。

❶本時のめあてを確認する。（約2分）

本時のめあて：
歌の思い出ベスト3を書こう。

❷全文を速読（黙読でもよい）して、歌の思い出ベスト3を考える。（約10分）

前時までに書いた日記をふりかえりながら考えるようにする。

❸ペアで自分が考えた思い出ベスト3を発表し合い、自分の考えの根拠も伝える。発表後に書き直したいところがあれば、変更したり順番を入れ替えたりする。（約3分）

❹全体で発表する。七場面でのグレンとの会話に焦点を当てて話し合う。（約10分）

❺八場面を読み、どうして「私たちの心の中には野菜畑の思い出がある」のか考える。その際、「一緒にながめたスワンレイクの景色も」という言葉から七場面のスワンレイクの描写を読み取る。（約15分）

❻今日の学習を通して考えたことを書く。（約5分）

解説

①プリントを配付して、全員でめあてを確認する。ランキングには正解はないことを伝え、楽しみながら学習できる雰囲気をつくります。

②全文を速読（黙読でもよい）して、歌の思い出ベスト3を考えるようにします。その際、今まで書いた日記を活用することでランキングを考えやすくなります。

③ここでは楽しみながら自分のランキングを語る児童の姿が見られます。机間指導では、どの言葉や文章からそう思ったのかを問いながら指導していきましょう。

④歌の思い出ベスト3を全体で発表します。この時、「グレンと会った日」が出ることが予想されます。その際、特に思い出に残ったのはどの場面かを問い、グレンと会った日の中でも特に「七場面」に焦点が当たるようにしていきます。歌がグレンに自分の名前を美しいと言われたことを取り上げ、赤線を引きます。そして、二人が顔を見合わせて笑ったという叙述に線を引き、笑い合うとはどういうことかを児童に問い、心の通じ合いにつなげていきます。

⑤八場面の文章を読み、「私たちの心の中には野菜畑の思い出がある」とはどういうことかを児童に問います。「私の」ではなく、「私たちの」という言葉に注目することで、歌がたった一日の会話でも、グレンのことを心が通じ合った友達だと思っていることを確認します。さらに、七場面のスワンレイクの描写にもそれが表れていることにつなげることで「描写」という言葉をもう一度おさえさせます。

⑥歌がどうしてグレンとの心の通じ合いを感じたのかを考え、自分の言葉で書くように伝えます。

スワンレイクのほとりで

⑥時間目

名前　　年　組　番

歌の思い出ベスト3を書いて、歌が一番心に残《のこ》ったアメリカでのできごとを話し合おう。

❶ 歌の思い出ベスト3を書きましょう。

一位	理由
二位	理由
三位	理由

❷ どうして「私たちの心の中には野菜《やさい》畑の思い出がある」のでしょうか。

❸ 歌について考えたことを書きましょう。

スワンレイクのほとりで

⑦時間目

ワークシートの正答例

学習目標
歌の原稿用紙の続きを書くことを通して、歌の変容をまとめることができる

7時間目

歌の原稿用紙の続きを考えよう。

❶本時のめあてを確認して、一場面を音読する。「まぶたまでそまってしまいそうな湖」に線を引く。（約5分）

❷どうして歌は「私の心の中」ではなくて「私たちの心の中には、野菜畑の思い出がある」と考えているのかをもう一度友達と話し合う。（約3分）

❸歌の原稿用紙の続きを書く。（約12分）

❹自分が書いた原稿用紙の続きをペアで読み合い、共通していることを出し合う。（約3分）

❺全体で発表する。数人が発表した後で、原稿用紙の内容で共通することを見つける。（約12分）

❻「この気持ちをいつか、グレンに伝えられたらいいな」と考えている歌の伝えたい気持ちとは何かを考える。（約5分）

❼物語から自分が学んだことを最後の感想に書いて学習のまとめとする。（約5分）

解説

①全員でめあてを確認した後、一場面を確認することで、歌が一番心に残っていることを原稿用紙に書こうとしていることを想起させるようにします。

②もう一度、前時の最後に考えたことを思い出すことで歌がグレンと心が通じ合ったと感じていることを確認しましょう。

③個人で書く時間を8分取ります。書けていない場合は2分伸ばします。思いつかない児童には、「スワンレイク」「野菜畑」「友達」というキーワードを提示します。

④ペアで発表し合う前に、友達の書いた原稿用紙と自分の原稿用紙の共通点を見つけるように伝えます。

⑤自分と同じ事を書いているなど、共感的な雰囲気ができるといいですね。ここでは、アメリカのもつ多様性を受け入れる文化への驚き、グレンとの英語と日本語のやり取り、自分の名前を美しいと言われたことが児童から出てくると予想されます。そのため、英語の勉強をしたいという夢を見つけたことや言葉が満足に通じなくてもグレンと心が通じ合ったことの喜びが書かれていればよいでしょう。

⑥「この気持ち」とはどんな気持ちか問いましょう。そして、「遠く離れた場所にいるけれど、友達」の叙述を出しましょう。さらに「○○友達」（例：ずっと、これからも）と書くなら何が入るかを考えて、歌の気持ちを想像させてもよいでしょう。

⑦単元の最後に自分が学んだこと（受け取ったこと）を感想に書き、初発の感想と比べて自分の読みの深まりを感じられるようにしましょう。

スワンレイクのほとりで ⑦時間目

名前　　年　組　番

歌の原こう用紙の続《つづ》きを考えよう。

❶ どうして歌は「私の心の中」ではなくて「私たちの心の中」と考えているのでしょうか。もう一度友達《だち》と話し合ってみましょう。

❷ 歌の原こう用紙の続《つづ》きを考えて書きましょう。

夏休みに、お父さんといっしょに、アメリカへ行きました。お母さんは、会社の仕事がいそがしかったので、行けませんでした。これは、わたしにとって初《はじ》めての海外旅行でした。

❸ この物語から自分が学んだことや考えたことを書きましょう。

おにぎり石の伝説

（東京書籍）

難波博孝

「この教材」ここがキモ！

「おにぎり石の伝説」は、おにぎり石をめぐって起こり収まっていった五年二組のおはなしです。

小学校ではグループやクラスや学年などだけに、このような物語（伝承、口伝）が今でもよく起きます。起きては消える「小学校の伝説」の裏側を描いたのが本教材です。

しかしただその事実が描かれているだけではなく、この伝説が伝説となりそして消えていくのに大いに働いた登場人物たちの心の動きが描かれているところが、この教材のキモといえます。

主人公（視点人物）は真（しん）で対象人物は一成（いっせい）。しかし実は、この作品での心の動きを見るのはこの二人が中心ではありません。一成は心情が大きく変わるわけではなく、真はたしかに大きく心情が変わりますが、それは一成からおにぎり石の真実を知ることがきっかけで、ある意味単純です。

この「おにぎり石の伝説」が伝説となり、そして伝説ではなくなったのは、クラスメイトの心情の変化によるものです。

したがって、授業でおさえていきたいのは、「クラスメイトの心情の変化とその原因を考えていくこと」になります。

この教材は高学年の最初に置かれています。中学年までの目標である、心情の変化や性格を捉えることについての復習としてうってつけの教材であるためです。捉えやすい真や一成の行動や心情、現実の変容を、まずは自力でおさえつつ、クラスメイトたちの心情の変化を考える授業にするとよいでしょう。

学習目標

○登場人物の気持ちの変化を場面の移り変わりと結びつけて捉えること。（中学年読むこと エ）
○物語の表現の効果を考えること。（高学年読むこと エ）
○周りに影響されて翻弄される人間の姿に考えを持つこと。（高学年読むこと オ）

単元全体をどうつくるか？——全七時間

真や一成の心情や心情の変化は捉えやすいですが、「伝説」にしていったクラスメートの心情の変化については、特によく考えさせる必要があります。そこで、表現読み（単なる音読ではなく、登場人物の心情を想像しそれを表現する音読。表情や身振り手振りもOK。朗読は声だけで表現するもの）を活動の中心に据えます。表現読みを通して、登場人物の行動をおさえて、心情を捉える単元とできるためです。

まず今までの学校生活の中で、「学校の怪談」のような学校の伝説、伝承、怖い話や不思議な話について出し合います。そしてその根拠が曖昧だったり、たわいもないことだったりすることを確認します。そして、伝説が伝説と成るためには、それを信じ、語り継ぐ人が必要であることを、「伝説」という言葉の意味を調べながら確認します。

次に、「おにぎり石の伝説」を黙読し、普通の出来事が伝説となり、また普通の出来事になっていく様子をざっくりとつかみ、「伝説となってまた普通に戻るには」誰が必要かを確認します。すると、真でも一成でもなく、クラスメイトの心情や行動がキモであることが確認できます。

その後、「伝説となり、またもとに戻る様子を表現読みしてみよう」と投げかけて、表現読み台本を作って表現する活動を展開していきます。その中で、登場人物、特にクラスメイトたちの心情の変化を追いかけて捉えていき、それを声に出して表現する活動を行います。ここでは、端末を活用して班ごとに毎時間動画に撮影をし、クラウドにアップさせます。次の時間には、前の時間にとった班の表現読みビデオの中から一番いいものを選びます。

そして、各班合同で表現読み大会を開催します。すると、より深く教材に触れることができます。最後にはぜひ、クラスメイトの一人となって、この伝説の顛末についての後始末、という題名でふりかえりを書かせてみてください。

単元名

表現読みを通して登場人物の心情の変化を捉える

第一次　見通す

1時間目　通読して出来事と人物をまとめよう。

伝説について話し合う。

全体を黙読し、登場人物をおさえ、出来事を一文にまとめる。全体を大きく3つに分ける。

会話文をマーカーし、登場人物名を書き込む。名前がない場合は、登場人物を設定して書き込む（友1　など）。

表現読みの活動を行うことを確認する。

第二次　つかむ

2時間目　まとまり1の表現読みを通して、登場人物の気持ちをつかむ。

教師の範読を聞く。会話文と発言者を確認する。

グループに分かれて、会話文の担当者を決め、それぞれの会話文の心情を考え書き込む。

地の文と会話文を読む人を決め表現読みを行う。必要に応じて心情を改善する。

グループごとに、表現読みの録画をする。

録画した表現読みを発表し、全体で評価し合う。

3時間目　まとまり2の表現読みを通して、登場人物の気持ちをつかむ。

教師の範読を聞く。会話文と発言者を確認する。

グループに分かれて、会話文の担当者を決め、それぞれの会話文の心情を考え書き込む。

地の文と会話文を読む人を決め表現読みを行う。必要に応じて心情を改善する。

グループごとに、表現読みの録画を取る。

録画した表現読みを発表し、全体で評価し合う。

4時間目　まとまり3の表現読みを通して、登場人物の気持ちをつかむ。

教師の範読を聞く。会話文と発言者を確認する。

グループに分かれて、会話文の担当者を決め、それぞれの会話文の心情を考え書き込む。

地の文と会話文を読む人を決め表現読みを行う。必要に応じて心情を改善する。

グループごとに、表現読みの録画を取る。

録画した表現読みを発表し、全体で評価し合う。

第三次　まとめる

5時間目　全体の表現読みを通して、登場人物の気持ちの変化をつかむ感想を持つ。

全体を通した表現読みを班ごとに披露する。

クラスメイトの心情の変化をつかみ、なぜ変化したかについてその理由を話し合う。

伝説が伝説となり伝説でなくなったことについて、自分の考えをまとめクラスメイトの一人になって「伝説の後始末」という文章を書く。

おにぎり石の伝説

①時間目

ワークシートの正答例

学習目標　**通読して出来事と人物をまとめる**

1時間目

物語の内容の大体をつかみ、単元の見通しを持とう。

❶「伝説」について辞書で調べ、学校やクラスでの「伝説」について話し合う。全体を黙読する。その際難しい漢字や表現については適宜教師から指導する。（約5分）

❷物語全体での登場人物をおさえる。名前がない人物もいることを確認する。（約5分）

❸出来事を「〇〇だった〇〇が、〇〇とであって〇〇な〇〇になる話」とし、「伝説」「おにぎり石」という言葉を必ず使うことにして一文あらすじにまとめる。（約10分）

❹物語を大きく3つに分ける。（約5分）

❺会話文に色マーカーをつける（できれば、教科書ではなく教材プリントを用意するとよい）。真と一成には別の色を付け、それ以外の会話文には線を引くだけです。（約10分）

❻誰が話したかわからない会話文については、学級全体で登場人物を決め、話者名を書き込む。（約10分）

❼次の時間から、表現読みを通して登場人物の心情をとらえる学習をし、最後に班ごとにお披露目をすることを確認する。（約5分）

解説

①「伝説」という言葉は、テーマに関わります。また、身近に感じさせる必要がありますので、辞書と思い出しの活動を行います。また、表現読みの単元ですので、音読ではなく黙読を行います。助けが必要な場合には、黙って挙手させるようにするとよいです。

②真と一成以外に登場人物がいること、それらのクラスメートが重要な働きをしていることの準備となります。

③「5年2組の「伝説」になりかけた「おにぎり石」が一成に出会って、ただの「石」になる話」という形でまとめられるよう、「　」を考えさせます。あるいは、『おにぎり石』を『伝説』にしかけたクラスメイトが、一成の家に行って、ただの『石』だと考えるようになった話」というようにまとめさせてもよいでしょう。

④真が一成の家に行く前、行っている時、行ったあと、という形で簡単に分類します。

⑤・⑥真と一成には色を付けさせます。その他の会話には後で色を塗ったり、割当が決まってから色を塗ったりするようにしましょう。

⑦タブレット端末がある場合は、毎時間「録画」をして最後に場面ごとに披露すること、最後の時間には、それぞれの場面ごとに披露することを確認します。

おにぎり石の伝説

①時間目

名前　年　組　番

通読して出来事と人物をまとめよう。

❶ 伝説という言葉を辞書《じ》で調べ、意味を書きましょう。
また、学校やクラスでどんな伝説があったか話し合いましょう。

❷ おにぎり石の伝説をもく読（静《しず》かに読む）しましょう。
わからない言葉が出たら、だまって手を挙《あ》げて先生に知らせましょう。

❸ 登場人物はだれですか。

❹ 物語を一文にまとめましょう。

5年2組の（　　）になりかけた（　　）が一成と出会って、ただの（　　）になる話。

❺ 物語を3つに分けましょう。

❻ 会話文に登場人物ごとに色をぬりましょう。人物名が決まっていない会話文は、話し合って「友達1」などと名前をつけて色をぬりましょう。

❼ 次の時間から、表現読み（気持ちをこめた音読）を通して登場人物の気持ちをとらえる学習をします。

❽ どんなことを考えながら学習したいか書きましょう。

おにぎり石の伝説

②時間目

ワークシートの正答例

学習目標 まとまり1の表現読みを通して、登場人物の心情をつかむ

2時間目

まとまり1の表現読みを通して、登場人物の心情をつかもう。

❶まとまり1の教師の範読を聞く。児童は、範読を聞きながら、会話文と発話者を確認する。（約5分）

❷グループに分かれて、会話の発話者を確認した上で、会話文の担当者を決め、それぞれの会話文の心情を考え、書き込む。（約12分）

❸グループごとに、書き込んだ心情を確認し、改善する。次に、地の文と会話文を読む人を決め、表現読みを行う。表現読みをしたあとで、必要に応じて心情を改善する。（約12分）

❹グループごとに、表現読みの録画をする。録画には表現読みとともに、各登場人物の心情の説明をした動画も入れる。（約11分）

❺全体で、グループごとに録画した表現読みを共有し、全体で評価し合う。最後にクラスメートと真の心情の違いを考える。（約5分）

解説

①前もって、「表現読み台本」の形で、本文をプリントにしておきます。まとまり1の教師の範読は、あまり感情を入れず淡々と表現します。児童は、範読を聞きながら、会話文を確認し、発話者を書き込ませます。発話者は記号（クラスメイト＝「ク」など）にするとよいでしょう。

②それぞれの会話の心情を考えさせ、「表現読み台本」に書き込ませます。名前のないクラスメイトの会話が多いことを確認し、一人の児童が複数クラスメイトの会話を担当してもよいです。また、一人称の物語で地の文が全て真の心情を表していることを確認した上で、真の心情の書き込みを複数児童が担当したり、前もってポイントを絞ったりしてもよいでしょう。

③真の担当者は複数でもよいです。また、クラスメイトは複数の会話を一人が担当してもよいです。書き込んだ心情が表現できるように練習し、表現したあとで心情を書き換えるなど、工夫してもよいでしょう。

④タブレットで録画し見直して改善していくようにします。表現したあとで心情を書き換えてもよいです。この時点ですでに、クラスメイトと真との間で心情の違いがあることに気づかせましょう。

⑤全体で、グループごとに録画した表現読みを共有し、評価し合います。最後にまとまり1における、真とクラスメイトの心情の違いについてふりかえりを書かせましょう。

おにぎり石の伝説

②時間目

名前　年　組　番

まとまり1の表現読《げん》みを通して、登場人物の気持ちをつかもう。

❶ 先生の音読を聞きましょう。会話文はいくつありましたか。

❷ 会話文に記号を入れましょう。（クラスメイトならク1、など）

❸ 地の文には、だれの気持ちが表れていますか。

❹ 会話文にはどのような気持ちが表れているか、かん単に書きこみましょう。

❺ 真の気持ちを前半と後半に分けて、書いてみましょう。

前半（P・20・12まで）

後半（P・21・1まで）

❻ 役わりを決めて、気持ちをこめた音読（表現読《げん》み）をしてみましょう。表現読《げん》みをくり返したり、ビデオにとってふりかえったりしながら、書きこんだ気持ちをよりよくしてみましょう。

❼ 全体で共《きょう》有し、質《しつ》問や意見をもらいましょう。

❽ まとまり1の真と他のクラスメイトの気持ちの共通点とちがいをまとめてみましょう。

（共《きょう》通点）

（ちがい）

おにぎり石の伝説

③時間目

ワークシートの正答例

学習目標　まとまり2の表現読みを通して、登場人物の心情をつかむ

3時間目

まとまり2の表現読みを通して、登場人物の心情をつかもう。

❶まとまり2の教師の範読を聞く。児童は、範読を聞きながら、会話文と発話者を確認する。（約5分）

❷グループに分かれて、会話の発話者を確認した上で、会話文の担当者を決め、それぞれの会話文の心情を考え、書き込む。（約12分）

❸グループごとに、書き込んだ心情を確認し、改善する。次に、地の文と会話文を読む人を決め、表現読みを行う。表現読みをしたあとで、必要に応じて心情を改善する。（約12分）

❹グループごとに、「ちょっとお願いがあるんだけど」のあとの会話を推測し、台本に書き込み、表現読みの練習をする。その後、「あとの会話」の表現読みの録画をする。録画には表現読みとともに、そのように推測した説明の動画も入れる。（約11分）

❺全体で、グループごとに録画した「あとの会話」の表現読みを発表し、全体で評価し合う。最後に真の提案を引き受けた一成の心情を考える。（約5分）

解説

①まとまり2の教師の範読も、あまり感情を入れず淡々と表現します。児童は、範読を聞きながら、会話文を確認し、発話者を書き込ませます（シ（真）／一（一成）のように）。

②それぞれの会話の心情を考えさせ、「表現読み台本」に書き込ませます。また、真の心情は地の文にも表れているので、予めポイントを指定したりして心情を書き込ませましょう。真と一成の担当者は途中で交代してもよいでしょう。

③まとまり2は、二人の登場人物の気持ちが変わるところですので、心情の変化に注意しながら音読をさせましょう。特に、一成の「『ぷっ。』ふき出し」たところや真の「ぼくは絶句だ」のところに留意させましょう。

④ここまでの二人の会話と心情の変化を踏まえて、真と一成の会話を2ターン程度に収めるように考えさせます。タブレットで録画し見直して改善していくようにします。なぜ真が一成に、あるお願いをしたのかを、まとまり1もふりかえらせながら、考えさせましょう。

⑤全体で、グループごとに録画した表現読みを発表し、評価し合います。最後に、ここまでの真と一成の関係を想像しながら、一成が真の願いを聞き入れた理由を考えさせましょう。

おにぎり石の伝説

③時間目

名前　年　組　番

まとまり2の表現《げん》読みを通して、登場人物の気持ちをつかもう。

❶ 先生の音読を聞きながら、会話文に記号を入れましょう。（シ（真）、一（一成）など）

❷ 会話文にはどのような気持ちが表れているか、書きこみましょう。

❸ 地の文の次の部分には真のどのような気持ちが表れているか、書きましょう。

ぼくは絶句だ

まぬけな声のカラスが鳴いた

ぼくはあわてて首を横にふった

❹ このあと二人はどんな会話をしたかを考えて書きましょう。

真　「ちょっとお願いがあるんだけど。」

一

真

一

❺ 役わりを決めて、（表現《げん》読み）をしましょう。表現《げん》読みをくり返したり、ビデオにとってふりかえったりしながら、書きこんだ気持ちをよりよくしてみましょう。

❻ なぜ一成は真の願《ねが》いを聞き入れたのか理由を書きましょう。

おにぎり石の伝説

④時間目

ワークシートの正答例

学習目標　まとまり3の表現読みを通して、登場人物の気持ちをつかむ

3時間目

まとまり3の表現読みを通して、登場人物の心情をつかもう。

❶まとまり3の教師の範読を聞く。児童は、範読を聞きながら、会話文と発話者を確認する。（約5分）

❷グループに分かれて、会話の発話者を確認した上で、会話文の担当者を決め、それぞれの会話文の心情を考え、書き込む。また、教師が指定した地の文の部分の真の心情も書き込む。（約12分）

❸グループごとに、書き込んだ心情を確認し、改善する。次に、地の文と会話文を読む人を決め、表現読みを行う。表現読みをしたあとで、必要に応じて心情を改善する。（約12分）

❹グループごとに、最後の真の会話の後の一成の返事を推論し、台本に書き込み、表現読みの練習をする。その後、表現読みの録画をする。録画には表現読みとともに、そのように推測した説明の動画も入れる。（約11分）

❺全体で、グループごとに録画した表現読みを共有し、全体で評価し合う。最後に、一成の家を出たあとのクラスメイトの会話を推論する。（約5分）

解説

①児童は、範読を聞きながら、会話文を確認し、発話者を書き込ませます。発話者は記号（クラスメイト＝クなど）にするとよいでしょう。

②それぞれの会話の心情を考えさせ、「表現読み台本」に書き込ませます。名前のないクラスメイトの会話が多いことを確認し、一人の児童が複数クラスメイトの会話を担当してもよいです。また、真の心情の書き込みを複数児童が担当してもよいでしょう。

③真の担当者は複数でもよいです。クラスメイトは複数の会話を一人が担当してもよいです。書き込んだ心情が表現できるように練習し、表現したあとで心情を書き換えてもよいでしょう。

④タブレットで録画し見直して改善していくようにします。表現したあとで心情を書き換えてもよいでしょう。

⑤全体で、グループごとに録画した表現読みを共有し、評価し合います。最後に一成の家を出たあとのクラスメイトの会話を考えてふりかえりとします。

おにぎり石の伝説

4 時間目

名前　　年　　組　　番

まとまり3の表現《げん》読みを通して、登場人物の気持ちをつかもう。

❶ 先生の音読を聞きながら、会話文に記号を入れましょう。（シ（真）、一（一成）など）。

❷ 会話文にはどのような気持ちが表れているか、書きこみましょう。

❸ 地の文の次の部分には真のどのような気持ちが表れているか、書きましょう。

わざと水を差すようなことを言った

こんなのって久しぶりだった

新たな気持ちになって見てみると

❹ 最後に一成はどんな返事をしたかを考えて書きましょう。

真「ありがとう。確かにぼくたち、何かにとりつかれていたのかもしれない。」

一

❺ 役割を決めて、（表現《げん》読み）をしましょう。表現《げん》読みをくり返したり、ビデオにとって振り返ったりしながら、書きこんだ気持ちをよりよくしてみましょう。

❻ 一成の家を出たクラスメイトはどんな会話をしているでしょうか。

おにぎり石の伝説

5 時間目

ワークシートの正答例

学習目標 全体の表現読みを通して、登場人物の気持ちの変化をつかむ

5時間目

全体の表現読みを通して、登場人物の心情の変化をつかむ感想を持とう。

❶全体を通した表現読みをグループごとに練習する。（約10分）

❷全体を通した班ごとの表現読みを披露する。その際、どの点を工夫したかを解説する。（約10分）

❸クラスメイトの心情の変化をつかみ、なぜ変化したかについてその理由を話し合う。（約10分）

❹伝説が伝説となり伝説でなくなったことについて、自分の考えをまとめクラスメイトの一人になって「伝説の後始末」という文章を書く。（約10分）

❺それぞれの「伝説の後始末」の文章を読み合い、感想を対話や付箋で交流する。（約5分）

解説

①練習では、班ごとに全てのまとまりの練習をさせます。誰が話しているかを確認させるようにしましょう。

②表現読みを全体に披露するときは、どのまとまりをどの班が発表するかは、くじなどで決めると時間の節約ができます。発表は全て録画しておき、後でまとめて、工夫点についての質疑ができるようにしましょう。

③クラスメイト全体を一つの「人物」と考え、まとまりごとの心情の変化を、たとえば、漢字二字で表現できるとよいでしょう。

④まとまり3のふりかえりを思い出しながら、クラスメイトの一人が「おにぎり石の伝説」をふりかえって作文（あるいは日記）を書いているようにさせましょう。

⑤友達の書いた「伝説の後始末」を回し読みしたり、机の上において自由に閲覧しながら、付箋に貼ったり、対話をして、交流させましょう。

おにぎり石の伝説

5 時間目

年　組　番
名前

全体の表現《げん》読みを通して、登場人物の気持ちの変化をつかもう。

❶ 全体を通した表現《げん》読みをグループごとに練習しましょう。

❷ どの点に工夫したかを解説しながら、表現《げん》読み発表しましょう。

❸ クラスメイトの気持ちの変化《へん》について、次のまとまりごとに、五文字以《い》内で表現《げん》してみましょう。

まとまり1の時

まとまり2の時

まとまり3の後

❹ クラスメイトの一人になって「伝説の後始末」という文章を書きましょう。

❺ 友達の「伝説の後始末」を読んで感想を書きましょう。

銀色の裏地

（光村図書）

丸田健太郎

「この教材」ここがキモ！

「銀色の裏地」は、クラスがえによって疎外感を抱えている理緒の気持ちの揺れ動きが描かれたおはなしです。

仲の良い友人とクラスがえによって離れ離れになってしまい、寂しい思いをした経験が読み手にもあると想定されます。特にこの教材は、五年生の最初の文学的文章教材として設定されていることから、理緒に共感しながら読む児童も多いと考えられます。

この物語は、理緒が仲良しのあかねと希恵とクラスが離れてしまったことからはじまります。二人も理緒のことを気遣い、「これからだって、こうして遊べるよ」といいますが、理緒は納得できず、「なんだかもう、二人と一人みたいだった」と感じています。

学校生活に暗雲が立ち込める中、転機になったのは、初めて同じクラスになった高橋さんとの出会いです。はじめは高橋さんにあまりよい印象を持っていなかった理緒ですが、高橋さんと時間を過ごすことで、次第に関係が深まっていきます。

この教材を扱う際におさえておくべきなのは、人物の関係性と心情の移り変わりでしょう。高学年では、登場人物の関係を相互関係として読むことが目標に設定されています。

しかし、この教材では、理緒視点から高橋さんへの気持ちは描かれていますが、高橋さんから理緒への気持ちはわかりません。

この二人の相互関係を心情と合わせて読むことで、作品の全体を想像したり、児童それぞれの解釈を引き出すことができるでしょう。

また、物語の展開と心情の変容の関係をおさえることも大事です。

単元全体をどうつくるか？　――全六時間

この物語の設定は、読み手である五年生の児童にとって身近なものであるといえます。そのため、主観的に読むばかりでは、自身の経験に縛られてしまい、作品を客観的に捉えたり、他の児童の解釈を引き受けたりすることが難しくなってしまいます。

作品世界全体への想像をふくらませながら、作品を分析的に読むための手立てとして、本単元では日記創作を言語活動として設定します。

第一次では、「銀色の裏地」を読み、初発の感想や読後感を共有します。この際、実際に「銀色の裏地」がどこの国のことわざであるのか、どのような意味で用いられているのかをICTを用いて調べることで、作品の解釈が深まることも考えられます。そして、物語の進行にとって重要な出来事を整理し、その時に誰と誰の間でどのようなことが起こったのか、そしてその時、登場人物はどのような気持ちになっているのかを考えます。

第二次では、理緒の心情の移り変わりを捉えるために、理緒のなりきり日記を創作します。文章の中に書かれている理緒の心情や、お母さんとの会話を手がかりに日記を書きます。これにより、理緒のその時々の心情を想像することができると考えます。第二次の活動として設定していますが、第一次と並行して行い、第二次では第一次で書いた日記を通して心情の変容を考えるという学習展開も考えられるでしょう。

第三次では、二次で創作したなりきり日記をまとめ、後日談としての日記を創作します。日記を、他の児童と読みあったり朗読劇のような形で発表しあったりすることで、理緒と高橋さんの関係にはいろいろな解釈ができる余地があることに気付くことができるでしょう。

学習目標

○登場人物の相互関係や心情を、登場人物のやりとりを基に捉えること。（高学年読むこと イ）
○人物像や物語などの全体像を具体的に想像したり、表現の効果を考えたりすること。（高学年読むこと エ）
○文章を読みながら創作した作品を共有し、自分の考えを広げること（高学年読むこと カ）

単元名

なりきり日記を書く

第一次 見通す

1時間目 **教師の範読を聞き、初発の感想を書く。初発の感想について学級全体で交流しよう。**

「銀色の裏地」のことわざの意味についてＩＣＴを用いて調べ、使われている国や用法について整理する。「銀色の裏地」が物語の中でどのような役割を持つ言葉であるか考える。

この物語では、理緒の心情が中心に描かれていることを確認し、理緒の気持ちを探ったり想像したりしながら、周りの人物の関係を捉えていく。この物語のあと、理緒とあかねと希恵はどのような関係になるのか、理緒と高橋さんは友達になるのかを想像し、これらを表現するために「なりきり日記」を創作することを単元のめあてとして設定し、児童と確認する。

第二次 つかむ

2時間目 **3つのまとまりに分け、まとまり1を読み、理緒の心情をつかもう。**

まとまり1を通読する。登場人物同士の関係や気持ち、会話を整理することを通して、理緒の気持ちがなぜ揺れ動いているのかを確認する。このまとまりにおける人物相関図を作成する。また、ここでの理緒の心情の不安定さに着目するため、「なりきり日記」を創作し、考える。

まとまり1では、理緒の心情が不安定になるきっかけとなった出来事を文章中の会話から整理する。その際、まとまり1より前の理緒の心情や周りとの関係性を想像してもよい。

3時間目 **まとまり2を読み、まとまり1からの理緒の心情移り変わりをつかもう。**

まとまり2を通読する。まとまり1から変わったこと・変わっていないことを整理する。このまとまりにおける人物相関図を作成する。さらに、理緒の「なりきり日記」を創作し、理緒が抱えるもやもやを言語化することを促す。

4時間目 **まとまり3を読み、これまでのまとまりと比較しながら理緒の心情をつかもう。**

まとまり3を通読する。これまでに学習してきたまとまりと比べながら人物相関図を作成する。理緒の心情がこれまでとは異なっていることを読み取り、その背景について考える。

最後に、このまとまりから考えられる後日談を考える視点を共有する。

第三次 まとめる

5時間目 **これまでに創作してきた日記をまとめよう。また、物語のつづきも考えよう。**

理緒と周りの人物の関係がどうなったのかを「なりきり日記」で書き記す。

6時間目 **完成した「なりきり日記」を全体で交流しよう。**

学習者によって理緒の心情の捉え方や理緒と周りの関係の捉え方に違いがあることに気づく。

銀色の裏地（光村図書）

①時間目

ワークシートの正答例

学習目標 この物語における「銀色の裏地」の意味を考える

1時間目

物語の内容の大体をつかみ、単元の見通しを持とう。

❶「裏地」とは何か、身の回りのものを使って確認する。身の回りのものの裏地がどのようなものか考えたのち、「銀色の裏地」ということばから受ける印象を交流する。（約10分）

❷「銀色の裏地」の教師の範読を聞く。登場人物の名前や設定、中心人物が誰かについて確認する。（約5分）

❸初発の感想を交流する。（約10分）

❹なぜこのお話には「銀色の裏地」という題名がつけられているのか理由を考える。「銀色の裏地」というモノへの想像をふくらませる。（約10分）

❺「銀色の裏地」ということわざの意味を調べ、まとめる。その用法についてもまとめ、「銀色の裏地」ということばが持つ意味や語感を感じる。（約10分）

解説

①この教材は「銀色の裏地」という題名です。児童は、そもそも裏地というものに馴染みがない可能性があります。裏地について考えさせることで、この物語のキーワードである「銀色の裏地」への想像を促すことができるでしょう。

②児童にとって身近な世界のお話かもしれません。ゆっくりと丁寧に読むことを意識して範読をしましょう。

③児童にとって身近な問題が描かれていることを踏まえると、いろいろな解釈が生まれるかもしれません。一人ひとりの読みを大切に扱いましょう。

④物語全体を通して、「銀色の裏地」ということばがどのような作用を持っているのか考えさせます。「この物語のキーワードは？」と投げかけてもよいでしょう。児童は説明に苦労すると思いますが、「銀色の裏地」という言葉の重要さを感じているはずです。これを作品を精読していくための観点にしましょう。

⑤「銀色の裏地」は実際にあるイギリスのことわざです（Every cloud has a silver lining）。地上から見える雲と、地上からは見えない太陽に照らされた雲の二面性に気付かせることができると、このお話における「銀色の裏地」のモチーフに近づくことができます。

銀色の裏地

① 時間目

名前　年　組　番

「銀色の裏地」の意味を考えよう。

❶「裏地」とはなんでしょうか。身の回りの物から説明しましょう。

❷「銀色の裏地」を読みましょう。（先生のろう読）

❸なぜこの話は「銀色の裏地」という題名なのか考えましょう。

❹「銀色の裏地」ということわざについて調べましょう。

どこの国で使われていますか？

どんな意味ですか？

どんなときに使ってみたいですか？　会話文で書いてみましょう。

銀色の裏地

②時間目

ワークシートの正答例

学習目標 まとまり1を読んで、理緒の心情を想像する

2時間目

まとまり1の読み取りを通して、物語冒頭の理緒の心情をつかもう。

❶物語を3つのまとまりに分ける。また、分ける根拠となったものについても話し合い、共有する。（約10分）

❷まとまり1を音読する。ここで、理緒の心情が表れている部分に線を引く。（約10分）

❸まとまり1における人物相関図を書く。その際、登場人物同士の関係を矢印などを用いてまとめる。（約15分）

❹人物相関図の作成から理緒の悩みを考え、日記の形で文章化する。（約10分）

解説

①まず、この物語を3つのまとまりに分けます。ここでは、まとまり1がP26～P27、まとまり2がP28～P31、まとまり3がP33～P35、であると考えます。これは、時間に注目してまとまりを分けたためです。

児童にも、「3つのまとまりに分けましょう」と投げかけ、その根拠も考えるように促しましょう。

②物語の冒頭ですので、物語を進める事件や設定が描かれます。

ここでは、理緒の心情の描写を手掛かりにしながら読み進めることで、理緒の心情の変化を捉えられるようにします。

③人物相関図を書くことで、このまとまりにおける人物相互の関係を理解することができます。

ここで、人物相関図に本文中の会話文や描写も書き入れることで、会話文や描写の意味も考えさせることができます。

④人物相関図の作成から、理緒の悩みや友達への思いを想像します。これらを日記として書くことで、理緒の内面に迫ることができます。

また、5年生に身近な内容であることから、児童自身の傷ついた体験を呼び起こさないことに留意しましょう。

銀色の裏地

2時間目

名前　年　組　番

まとまり1を読んで、理緒の心情を考えよう。

❶ お話を3つのまとまりに分けましょう。また、まとまりごとに名前をつけましょう。

まとまり1

まとまり2

まとまり3

❷ まとまり1を読みましょう。

❸ まとまり1の人物相関図をつくりましょう。

❹ 理緒になりきってまとまり1の日記を書きましょう。

銀色の裏地

③時間目

ワークシートの正答例

学習目標 まとまり2を読んで、理緒の心情の移りかわりを考える

3時間目

まとまり2の読み取りを通して、少しずつ変化する理緒の心情をつかもう。

❶まとまり2を音読する。（役割読み・ペア読み等） （約10分）

❷理緒の心情が表れている部分に線を引く。 （約5分）

❸まとまり1とまとまり2を比較し、理緒の心情や描写などで変わったところを整理し、まとめる。まとまり2の中で変わったことについても考える。 （約10分）

❹まとまり2における人物相関図を書く。その際、登場人物同士の関係を矢印などを用いてまとめる。 （約10分）

❺人物相関図の作成から理緒の悩みを考え、日記の形で文章化する。 （約10分）

解説

①まとまり2を音読させます。少し長い場面ですが、ここで理緒の普段の様子が描かれます。この様子について話し合い、どこに理緒が不満を感じているのか、意見の交流をさせましょう。

②前時と同じように人物相関図や日記を書くため、理緒の心情をしっかりとおさえておきましょう。理解の早い児童は先に人物相関図などを書こうとするかもしれませんが、③の学習内容をおさえさせてから先に進みましょう。

③この物語では、理緒とあかねと希恵の関係は変わらず、改善される様子も描かれません。一方、理緒の心情が変わり続けています。このような、変わることと変わらないことの対比を読むことも重要です。

④人物相関図を書くことで、このまとまりにおける人物相互の関係を理解することができます。まとまり1で書いた人物相関図とも比較しましょう。人物相関図からも、変わることと変わらないことが読み取ることができればよいです。

⑤前時と同様に理緒の心情を著す日記を書きます。繰り返し日記を書くことにより、理緒への同化を促すだけではなく、児童それぞれの解釈や表現の違いを生み出すことができます。

銀色の裏地

③時間目

名前　年　組　番

まとまり2を読んで、理緒の心情の変化を考えよう。

❶ まとまり2を読みましょう。

❷ まとまり1と比べて変わったところと変わらないところを考えましょう。

変わったところ	
変わらないところ	

❸ まとまり2の人物相関図をつくりましょう。

❹ 理緒になりきってまとまり2の日記を書きましょう。

銀色の裏地

4時間目

ワークシートの正答例

学習目標　まとまり3を読んで、理緒の心情の移りかわりを捉え直す

4時間目

まとまり3の読み取りから、理緒の心情の変化をつかもう。

❶まとまり3を音読する。理緒の心情が描かれている部分に線を引く。（約10分）

❷まとまり3における人物相関図を書く。（約10分）

❸これまでに書いてきた人物相関図を比べ、理緒と周りの人物のかかわりの変容を記述する。また、描かれていないような、他の人物からみた理緒への認識についても考えを広げる。（約15分）

❹まとまり3のなりきり日記を書く。まとまり3の日記を書くときの理緒の心情を想像させ、まとまり1とまとまり2と相対的に考える。（約10分）

解説

①まとまり3の音読をします。物語が大きく転換する場面ですので、理緒の心情を想像することを意識しながら読み進めるよう促しましょう。

②まとまり3における人物相関図を書きます。このまとまりでは、めぐみと希恵が再登場します。この2人への気持ちをしっかり考えることで、③の学習活動を深めることができます。

③これまで書いてきた人物相関図を比較します。このとき、注目して比べたい観点を児童から出させてもよいです。特にまとまり1とまとまり3を比較し、理緒とめぐみ・希恵の関係性を比べることが大切です。
さらに、物語の結末部に着目し、理緒と高橋さんの関係性についても意見を交流しましょう。これをおさえることで、次時の学習活動に円滑に進むことができます。

④まとまり3におけるなりきり日記を書きます。
まとまり1・2・3を比べ、理緒の心情がどのように変化してきたのか全体を通して整理すると考えがまとまりやすくなります。

銀色の裏地

名前　年　組　番

④時間目

まとまり3を読んで、変化の理由を考えよう。

❶ まとまり3を読みましょう。

❷ まとまり3の人物相関図をつくりましょう。

❸ これまでにつくった人物相関図からわかることを書きましょう。

❹ 理緒になりきってまとまり3の日記を書きましょう。

銀色の裏地

5 6 時間目

ワークシートの正答例

学習目標 これまでつくってきた日記を「なりきり日記」としてまとめて、交流会をする

5・6時間目

日記の交流会を行い、読み手の解釈のちがいを感じる。

❶理緒たちのその後について想像する。（約15分）

❷理緒のなりきり日記を書く。（約30分）

❸日記の交流会をする。（約30分）

❹単元全体を通じての感想文を書く。（約15分）

解説

①理緒たちのその後について、自由に想像し、記述させます。めぐみ・希恵との関係や高橋さんとの関係など、特に人間関係に着目すると考えやすいでしょう。

②①の学習活動で考えた理緒たちのその後を日記の形式で表現させます。これにより、理緒の視点から物語をさらに語らせることができます。発展的な内容としては、理緒以外の人物から日記を通して物語を語りなおすという学習活動の設定ができます。これにより、同化する視点から読んできた物語を対象化し、物語の中にはあまり描かれていない理緒への周囲からの気持ちを考えさせることができます。

③日記の交流会をします。みんなの前で読む発表のほかに、付箋などにコメントを書いてつけて回るという形式も考えられます。児童の人数や学級の実態に合わせた発表形式を選びましょう。

④単元を通しての感想文は、全員がお互いの文章を読めるようにすることで、自身の学びを相対化することができます。印刷して配付したり、タブレットやアプリの共有機能を使ったりするなどの方法が挙げられます。

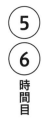

銀色の裏地

⑤⑥時間目

名前　　年　　組　　番

続きの物語を考えて「なりきり日記」にまとめよう。

❶ 作品のその後の理緒たちについて考えましょう。

❷ 理緒の「なりきり日記」を書きましょう。

❸ 日記の交流会をしよう。

❹ 交流会をして気づいたことや感じたことを書きましょう。

ぼくのブック・ウーマン

（光村図書）

羽鳥彩加

「この教材」ここがキモ！

「ぼくのブック・ウーマン」は、家族のために畑の手伝いや羊の世話をして暮らす、十代の男の子カルを中心に展開していく物語です。カルは、妹のラークが読書家であることを横目に、文字を読むことに対して、疎ましく感じています。それは家が山の上にあり学校へ通えないこと、家が貧しくその手伝いが必要なこと、本（文字）を読むことに価値を感じないことにより、カルが周囲に心を閉ざし、卑屈なものの見方で生きているということがうかがえます。その変化の少ない偏狭の地に、馬に乗ってやってきた女の人が、その後のカルに変化をもたらします。その女の人は、訪問客もいないような山奥に季節に関係なく、無償で本を届け続けるのです。

そこで、カルがその女の人に出会った当初に抱く本への思い、その女の人の行為の価値と、何度も、どんな天候でも、馬に乗ってやってきて本を届ける女の人に関心を持つようになってからのカルの行動の変化を読むことが大切です。

また、この物語は、中心人物カルの言葉で語られていて、心の中で思っていることはわかりやすく表現されていますが、他者に対しては寡黙で、この物語の中で話しかけた言葉は、二か所しかありません。それらの言葉は、カルの心情の変化を読む上では大変重要になります。

これらのことから、「本や文字への関心」「妹とのかかわり方の変化」、「ブック・ウーマンとの出会いと気持ちを伝えられるようになった変容」を読むことが、中心人物であるカルの心情を読む上で大切だと言えます。

単元全体をどうつくるか？ —— 全8時間

「ぼくのブック・ウーマン」の単元のポイントは、中心人物カルにとっての「本」「本を読む妹」「本を持ってくる女の人」の見方の変化を読むということです。そして、最後にカルとブック・ウーマンが交わす会話により、「本を持ってくる女の人」が、「ぼくのブック・ウーマン」という存在になり、心を通わすことになったということで題名の意味を回収することを考えることが大切です。

単元の導入で、おすすめの本を届ける経験を一年生にやってみること、そしてその感触について感想を書かせます。この感想には、よい感触も、なかなか思うようにいかない感触も出てくることでしょう。この経験が中心人物のカルの心情をどうやって変えることができたか、ブック・ウーマンがなぜ根気強く本を持って来続けたかを追究する際の考える原動力になります。そこで、この単元を「ブック・ウーマンの思いが通じるまでの道のり」として、自分も中心人物カルのように紹介した本の良さを感じてもらっていない一年生に対してどのような道のりを行っていくか考えながら読むことを行います。

第1次では、中心人物カルの人物像やその人物の背景を読むことを行います。次にブック・ウーマンの行動とカルの思いを対応させながら読みます。

第2次では、頑ななカルの心を動かしたものは何かを考えさせます。そのために、カルにどのような行動の変化が見られるかを読みます。その中で、カルの二つの発言に着目させ、妹への思いの変化とブック・ウーマンへの思いの変化を考えさせます。

第3次では、単元の導入で行った本の紹介に足りなかったことを考えさせ、「ブック・ウーマンへの道のり」に必要なことを取り入れて、本の紹介を再度実行させます。

学習目標

○「カル」が周りの人物との関係によって変化する心情やその描写を捉えること。（高学年読むこと イ）

○『ぼくのブック・ウーマン』の全体像を具体的に想像したり、表現の効果を考えたりすること。（高学年読むこと エ）

○文章を読んでまとめた意見や感想を共有し、自分の考えを広げること。（高学年読むこと カ）

単元名

本を介して人と人の思いが通じることについて考えながら読む

第０次

単元への誘い「一年生におすすめの本を届けよう」

―一年生に自分のおすすめの本を届け、感じたことを書く。

第一次 見通す

1時間目 題名読みをして、初発の感想を書こう。

―「ぼくのブック・ウーマン」の「ぼく」についてどんな人物か想像する。
「ぼくのブック・ウーマン」の範読を聞き、初発の感想を書き、交流する。

第二次 つかむ

2時間目 中心人物「カル」の人物像に迫ろう。

―登場人物を確認し、中心人物「カル」の生活を読み取る。
「カル」の家族構成を書き、「カル」と家族の関係を読む。
「カル」は、当初「本」に対してどんな考えを持っていたか書き出す（人物像）。

3時間目 「カル」と「ブック・ウーマン」の出会いについて読もう。「ブック・ウーマン」はどのように現れたか書き出そう。

―それぞれの人物にとっての「本」という存在の意味を考える。
「ブック・ウーマン」が持っているものが本であるとわかったときの「カル」と「ラーク」の心情の違いを読む。（心情比較①）

4時間目 「カル」と妹「ラーク」の関係の変化を読もう。

―本に対して関心がない時の「カル」が「ラーク」に対して感じていることを読む。（人物関係図①）
本に対して関心を持ち始めてからの「カル」と「ラーク」の関係を読む。（人物関係図②）
人物関係図①②を比べて関係の変化を読む。

5時間目 「カル」と「ブック・ウーマン」の関わりを読もう。

―本を介した「カル」と「ラーク」の関係の変化を思い出す。
本を介した「カル」と「ブック・ウーマン」との関わりの変化を読む。

6時間目 「カル」の心を溶かしたものについて考えよう。

―「カル」の心を溶かしたものについて考えるために、「カル」にとって「本」がどのようなものに変化したか、それはどうして起こったかを考える。

第三次 まとめる

7時間目 「一年生のブック・プレゼンター」になる準備をしよう。

―本を届けるということについて考える。
本の届け方やおすすめの仕方を考える。（相手意識を持つ）

8時間目 「一年生のブック・プレゼンター」になろう。

―一年生におすすめの本を届ける。

ぼくのブック・ウーマン

⓪①時間目

ワークシートの正答例

学習目標 「ぼくのブック・ウーマン」を読んで感想を書く

0時間目

単元への誘い

「一年生におすすめの本を届けよう」

〇一年生に自分のおすすめの本を届ける。

〇一年生に本を届けてみて感じたことを書く。

1時間目

題名読みをして、初発の感想を書こう。

❶題名読みをする。（約5分）

〇「ブック・ウーマン」とは何か想像する。

〇いつの時代のどんなことをする人のことか想像する。

〇「ぼくのブック・ウーマン」の「ぼく」についてどんな人物か想像する。

❷「ぼくのブック・ウーマン」の範読を聞く。（約10分）

※絵本『ぼくのブック・ウーマン』（ヘザー・ヘンソン・文、デイビッド・スモール・絵、藤原宏之・訳、え・さ・ら書房）を用いて読み聞かせてもよい。

❸初発の感想を書く。（約15分）

〇自由に感想を書く。手が進まないようであれば、「不思議に思ったこと」、「考えたいこと」、「わからなかったこと」、「共感したこと」など観点を与えて書かせてもよい。

❹感想を交流する。（約10分）

〇自由に感想を出し合い、全体で交流する。出てきた感想を分類したり、出てきた感想の類似や相違の内容を問うたりすることで物語への関心を高める。

❺今後の学習計画を立てる。（約5分）

〇感想をもとに「人物像を読む」「人物の関係を読む」「人物の心や価値観を揺さぶる出来事を読む」「人物の変容を読む」など分類し、今後の学習の順序を考え、見通しを持たせる。

解説

0時間目

〇一年生におすすめの本を届けるという経験で、相手へ自分の思いを伝えようとする経験と、それが伝わらない経験をさせておきます。

1時間目

①「ブック・ウーマン」とは、どんなことをしている人なのか、言葉から想像させます。「本」「女の人」ということから、司書を想像すると予想されますが、「ライブラリアン」という言葉を使っていない理由も考えさせ、時代や活動の違いにも後から触れるとよいでしょう。

②「ぼく」の語りで物語が展開することから、「ぼく」が話すように読みましょう。教科書を黙読させながら範読を聞かせるのもよいですが、絵本を読み聞かせると、「ぼく」の背景がわかりやすくなります。また、範読後に初発の感想を書くことを知らせておきましょう。

③自由に初発の感想を書かせます。その感想からその後の学習課題を見つけていきたいものです。感想が書きにくそうな場合は、予め、書く観点を提示しておくとよいでしょう。授業で考えたいことを書くという目的意識もあると次の学習に向かいやすくなります。

④自由に感想を伝え合います。なかなか意見が出にくい場合は、ペアトークをしてから、全体交流を行うと意見が出やすくなります。
また、「似ている考え」や「少し違うところ」など分類しながら言わせると、板書も書きやすくなります。

⑤感想を分類する中で、今後の授業の見通しを持たせるまとめを行います。

ぼくのブック・ウーマン ①時間目

名前　年　組　番

「ぼくのブック・ウーマン」を読んで感想を書こう。

❶ 題名「ぼくのブック・ウーマン」から想像しましょう。

① 「ブック・ウーマン」とは何だと思いますか。

② 「ブック・ウーマン」と「ライブラリアン」の言葉のちがいを考えましょう。

③ 「ぼくの」という言葉が「ブック・ウーマン」の前についている意味を想像しましょう。

❷ 登場人物はだれですか。

❸ 物語の感想を書きましょう。

ぼくのブック・ウーマン

②時間目

ワークシートの正答例

学習目標 中心人物「カル」の人物像に迫る

2時間目

中心人物「カル」の人物像に迫ろう。

❶登場人物を確認し、中心人物「カル」の生活を読み取る。（約10分）

○住んでいる場所、生活の様子を書き出す。

「山のずっと高い所」

「てっぺんに向かう坂道の終わりまで歩いて、やっとたどり着く」

「あまりに高い所なので、命の気配といえば、……小さな動物くらい」

○生活の様子から想像できることを考える。

「畑を耕したり、迷子になった羊を探したり。」

「牛をなやにもどすことだってできる」

❷「カル」の家族構成を書き、「カル」と家族の関係を読む。（約10分）

○家族の関わりからわかることを書く。

「家族は、父さんと母さん、じいちゃんとばあちゃん、妹、それに三人の弟たち」

「ぼくは、ちゃんと家族のために役立っている」

「妹のラークときたら、ひまさえあれば、鼻をくっつけるようにして、一日中、本ばかり読んでいる」

「ラークが先生みたいにふるまっても、ちっともすごいとは思わない」

❸「カル」は、当初「本」に対してどんな考えを持っていたか書き出す。（約10分）

「ニワトリの引っかいたあとみたいな文字をにらんで、じっとすわっているのはがまんできない」

❹「カル」は、どんな人物か考える。（約15分）

家族…「役立っている」

文字（本）…「がまんできない」

ラークの生徒役…「まっぴらごめんだ」

→山間部で家族のために生きることに対しては、自分の使命を感じている。その生き方の中では、本や文字に対して、自分には必要のないものだと考え、排除している。

解説

① 「カル」の人物像に迫るため、「カル」が置かれている背景に目を向けさせます。そのために、まず、住んでいる場所、「カル」の生活について確認します。住んでいる場所、生活の様子を書き出す中で、「カル」が山間部で貧しい生活をしていることに気づかせます。しかし、辺境の地に住みながらも、家族のためにできることをすることに対して働くことへの苦労は感じられないことにも気づかせます。むしろ、誇らしさを感じられる表現であることに気づかせます。

② 「カル」の家族を挙げさせ、家族構成を書き出すことで、大家族で働き手が必要な状況を読み取らせます。また、生活の中で、自分の役割を理解し、家族に求められる役目を果たすことに価値があると考えていることに気付かせます。その反面、本ばかり読む妹の「ラーク」に対して、疎ましく感じていることを、読み取らせます。それが、本や文字に関係することにも触れ、次の学習活動につなげます。

③ 「カル」の置かれている状況から、当初の「カル」にとって「本」は、自分には必要のないものと捉えていることに気付かせます。それは、家族のための仕事には役に立たないと思っていること、本や文字に親しめないと思っていることを読み取らせます。

④ 「カル」の生活の状況や家族との関係などから「カル」の考え方を関係づけて、どのような人物なのかを想像させます。生活に対する考え方や家族との関わり方から、「カル」の当初の人物像を考えると、「カル」は、歪んだ価値観を持っていますが、自分の考えにゆるぎない自信を持ち、頑固な性格であると言えます。

ぼくのブック・ウーマン ②時間目

名前　年　組　番

中心人物「ぼく（カル）」とはどんな人物か読み取ろう。

❶「カル」の生活を読み取りましょう。

① 「カル」の住んでいる場所はどこですか。

② 「カル」はどんなことをして生活をしていますか。

❷「カル」の家族について読み取りましょう。

① 「カル」の家族を書きましょう。

三人の

② 「カル」は家族にどんなことを思っていますか。

❸「カル」は本に対してどう思っているか考えましょう。

❹「カル」はどんな人物だと思いますか。

❺「カル」の人物像について考えたことを書きましょう。

ぼくのブック・ウーマン

③④時間目

ワークシートの正答例

学習目標 「カル」と「ブック・ウーマン」の出会いについて読む

3時間目

「カル」と「ブック・ウーマン」の出会いについて読もう。

❶**「ブック・ウーマン」がどのように現れたか書き出す。**（約10分）

「馬にまたがっている」「ひざたけのズボンをはいた、女の人」

❷**「ブック・ウーマン」が持っているものが本であるとわかったときの「カル」と「ラーク」の心情の違いを読む。**（心情比較①）（約20分）

「カル」…まるっきり宝物なんかじゃない

「ラーク」…まるで金のかたまりを見るようにきらきらとかがやき、思わず手をのばして、その宝物をつかもうとしていた

❸**それぞれの人物にとっての「本」という存在の意味を考える。**（約15分）

「カル」…くだらない

「ラーク」…宝物

解説

①「ブック・ウーマン」の登場は、「カル」の常識を覆す存在です。その登場場面では、「カル」は直接関わらず、家族が温かく迎え入れるのを少し離れて観察しています。そこで、登場にいち早く気付いたのに会話はない、それにもかかわらず、よく見ています。

②「ブック・ウーマン」の大きなかわのバッグに本がいっぱい入っているとわかったときの「カル」と「ラーク」は全く反対の反応をします。その心情を捉えると同時に、家族の反応は、どちらに近いか考えさせるとよいでしょう。

③「カル」と「ラーク」の反応の違いから、それぞれが「本」をどのような存在と思っているかがわかります。この時点での「本」をどう思っているかを捉えさせましょう。

4時間目

「カル」と妹「ラーク」の関係の変化を読もう

❶**本に対して関心がない時の「カル」が「ラーク」に対して感じていることを読む。**（人物関係図①）（約15分）

❷**本に対して関心を持ち始めてからの「カル」と「ラーク」の関係を読む。**（人物関係図②）（約15分）

○「何て書いてあるか、教えて。」の中に込められた「カル」の感情を読む。

○「カル」の言葉に対する「ラーク」の反応から、その心情を読み取る。

❸**人物関係図①②を比べて関係の変化を読む。**（約15分）

解説

①本に関して関心がない時の「カル」が「ラーク」に感じている感情は、家族ために働きもしないで本を読むことへの嫌悪感や先生のような関わり方に嫌気がさしているなど、よい感情を抱いていないことがわかります。しかし、それは、「カル」が感じている感情で、一方的なものの見方だということもつかみましょう。

②どんな天候の中でもやってくる「ブック・ウーマン」に心を動かされて、本に興味を持ち、文字を読もうとする「カル」を読み解きたいです。「カル」の言葉に込められた心情を丁寧に読みたいですね。

③「カル」の心情が大きく変化していることに気づかせたいですね。

ぼくのブック・ウーマン

③④時間目

名前　年　組　番

「カル」と「ブック・ウーマン」の出会いについて読もう。

❶「ブック・ウーマン」が現れたときの「カル」様子を書きましょう。

❷本を持ってきたとわかった時の「カル」と「ラーク」の気持ちを比べましょう。

カル

ラーク

❸それぞれにとっての本の存《そん》在を考えましょう。

カル

ラーク

「カル」と「ラーク」の関係の変化について読もう。

❶「カル」と「ラーク」の人物関係図を書いて比べましょう。

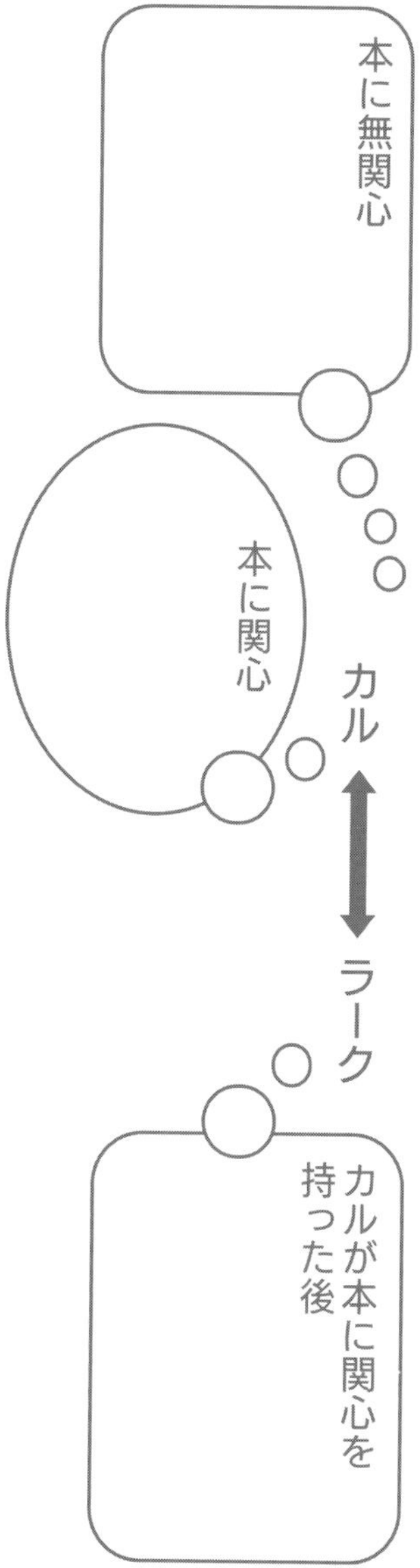

❷「カル」と「ラーク」の関係について考えたことを書きましょう。

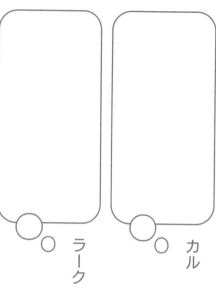

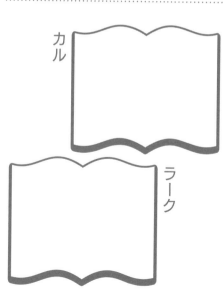

ぼくのブック・ウーマン

⑤⑥時間目

ワークシートの正答例

学習目標 「カル」と「ブック・ウーマン」の関わりを読む

5時間目

「カル」と「ブック・ウーマン」の関わりを読もう。

❶「ブック・ウーマン」の持ってきた本を介して、「カル」と「ラーク」の関係の変化を思い出す。（約20分）

「カル」…本ばかり読んで疎ましい・勉強を教えてもらうなんてまっぴらだ

↓「なんて書いてあるか、教えて」二人で本を読む（本の楽しさを知り、ラークの気持ちを理解）

「ラーク」…本を読んでみたい「ぼく」を受け入れる

❷本を介した「カル」と「ブック・ウーマン」との関わりの変化を読む。（約25分）

「カル」…山奥に馬で現れるなんて驚き。たくさんの本を持ってくることは無駄なこと。本にキイチゴと交換する価値はない。本はほしいものではない。来なくても構わない。

↓どんな天候や季節でも来るなんて勇ましい。勇気がある。来るわけを知りたい。【本への興味へ】

↓「ぼくにも、何かプレゼントできればいいんだけど—」【読む】

「ブック・ウーマン」…本を届け続ける

↓「こっちへいらっしゃい、カル」「私のために本を読んでほしいわ」「プレゼントは、それで十分」【優しい声・ほほ笑む】

解説

① 「カル」は、本（文字）を読む価値を感じない生き方をしてきました。それとは対照的に妹の「ラーク」は、本（文字）を読む楽しさを知っています。その「カル」が、「ブック・ウーマン」を理解するために本を読みたいと変化し、そのために、それまで「ラーク」から教えてもらうことに対して嫌悪感を抱いていた「カル」が教えを乞うことにつながります。その変化を思い出すことで、本時の「カル」と「ブックウーマン」の関わりを読む必然性が生まれます。

② 「カル」と「ブック・ウーマン」は、最後の場面まで会話をすることなく「本を届けられる」と「本を届ける」の関係が続きます。その関係は、「ブック・ウーマン」の根気強さによって「カル」の気持ちが変容し、「本を読む」ことへの価値観が揺さぶられ、二人の関わりが生まれることになります。その変化には多くの時間を要すること、言葉ではなく「ブック・ウーマン」の信念により変化することに気づかせたいですね。そのためには、季節の移り変わりや会話を交わすことがいつ、どのように行われたかを丁寧に読むと実感させることができます。

学習目標 「カル」の心を溶かしたものについて考える

6時間目

「カル」の心を溶かしたものについて考えよう。

❶「カル」の最初の人物像を思い出す。（約5分）

❷「カル」の心を溶かしたものについて考えるために、「カル」にとって「本」がどのようなものに変化したか、それはどうして起こったかを考える。（約40分）

○「思わず、ぼくもほほえみ返した」の一文からわかることは何か話し合う。

解説

① 「カル」は、当初頑なに本（文字）を読むことを拒んでいます。そこからどのように変容したかを誘う問いを出しましょう。

② 前時の授業で、「カル」と「ブック・ウーマン」の関わりを読んだことを想起させながら、その変容が起こった理由を考えさせます。まずは、会話の後ほほ笑み合っていることを想像しながら読み、話し合いましょう。

ぼくのブック・ウーマン

5 6 時間目

名前　年　組　番

「カル」と「ブック・ウーマン」の関わりを読もう。

❶ 本をかいした「カル」と「ブック・ウーマン」との関わりについて考えましょう。

ブック・ウーマンの印象
本への思い

○カル　ブック・ウーマン

ブック・ウーマンの印象
本への思い

○カル　ブック・ウーマン

出会ったときの様子

雪の日の様子

ブック・ウーマンに伝えた言葉

カル

カルに伝えた言葉

ブック・ウーマン

「カル」の心をとかしたものについて考えよう。

❷ 「カル」にとっての本の存在《そん》を考え、心をとかしたものについて考えましょう。

当初の存在《そん》

雪の日以降

カルの心をとかしたものは？

❸ 「カル」と「ブック・ウーマン」の関わりについて考えたことを書きましょう。

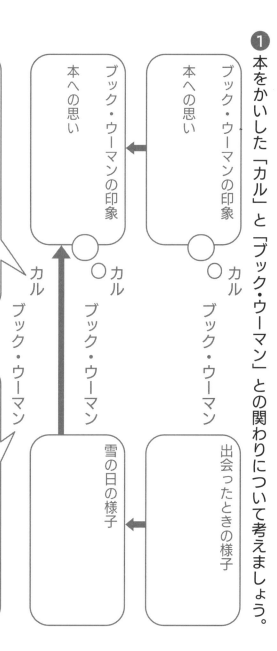

ぼくのブック・ウーマン

7 8 時間目

ワークシートの正答例

学習目標 「一年生のブック・プレゼンター」になる準備をする

7時間目

「一年生のブック・プレゼンター」になる準備をしよう。

❶相手が興味を持つように本を届けるということについて話し合う。（約10分）

○これまでの学習を生かす。

❷本の届け方やおすすめの仕方を話し合う。（約15分）

○一年生に合わせたおすすめの本とはどんなものか。

○一年生が自分で本を読むようにするにはどうしたらよいか。

○届けるときにどうすれば自然に興味を持つようになるか。

○おすすめの仕方にはどのような方法があるか。

❸計画を立て、準備をする。（約20分）

○おすすめの本の選書。

○いつ行くか、何回行くか。

○ペアで行うか、グループで行うか、など。

解説

①相手が本に興味を持つように本を届けるということは、決して押し付けではなく、相手の思いを尊重して、相手が自分で手に取るような届け方であることに気づかせましょう。

②自然に相手が手に取るように本を届けるためには、その相手である一年生の実態を踏まえて選書やおすすめをする必要があります。そこで日ごろから一年生のお世話をしている六年生として、相手の好みやレベルに合わせようとする姿勢に心がけることが大切です。相手を知るためにどんなことを準備したらよいか見通しを持つために話し合わせます。

③「一年生のブック・プレゼンター」についての話し合いをもとに、どんな活動にするか、子供たち主体で準備をするように授業を展開しましょう。

学習目標 「一年生のブック・プレゼンター」になる

8時間目

「一年生のブック・プレゼンター」になろう。

❶一年生におすすめの本を届ける。（約10分）

○授業の時間、朝の時間など一年生と実施できる時間を使って活動を行う。

❷「一年生のブック・プレゼンター」になって本単元をふりかえる。（約35分）

○本の存在を大切だと感じにくい状況、本（文字）が読めない状況など、本に親しんでいない立場から、「本を届けられる」ということにどんな感想を抱くかについて実際に「ブック・プレゼンター」をして気づいたことを伝え合う。

解説

①何度か繰り返し、話し合った方法や改善を加えた方法で「一年生のブック・プレゼンター」をやってみて、実体験をもとに、本単元をふりかえらせると読んだことが具現化されてよい活動になります。

②本の世界を知るということ、本を読むということでそれぞれの生き方を広げることができるということを実感させながら、本単元の学びの意義を感じさせたいですね。

ぼくのブック・ウーマン

⑦⑧時間目

名前　年　組　番

「一年生のブック・プレゼンター」になる準備をしよう。

❶ 一年生が届《とど》けた本に興味を持つにはどうしたらよいか話し合いましょう。

❷ 「一年生のブック・プレゼンター」になる計画を立てましょう。
（いつ・何を・どのように・何回・届《とど》けるときの工夫など）

いつ：
何を：
どのように：
何回：
工夫：

「一年生のブック・プレゼンター」になろう。

❶ 「ブック・プレゼンター」になってどうだったかを話し合いましょう。

❷ 本単元をふりかえり、感想を書きましょう。

模型のまち（東京書籍）

谷 栄次

「この教材」ここがキモ!

「心のあり様で同じものでも見え方がちがってくることはよくあることです。毎日、当たり前のように見てきた校舎が、卒業式の朝はちがって見えるのもその一例です。

「模型のまち」は、広島に転校してきた主人公の亮が圭太との模型作りや発掘調査現地見学会への参加を通して、八十年前に広島で起きた真実にふれる物語です。ここでいう真実とは、原子爆弾が落とされたときに、確かにふつうの人々の生活や暮らしがあったという事実です。復興により当時を物語るものはほとんど残っていませんが、亮は発掘調査現地見学会で一部が変形した大きなビー玉を見つけ、その真実が確信へと変わります。

授業でおさえておきたいことは、亮の心情の変化とその理由です。真実にふれた後の亮は、広島のまちの見え方も、当然変わってきます。また、表現の工夫として、八十年前の広島のまちを色のない白い模型のまちとして、現在のまちを色やにおい、声や音のあるまちとして表現しています。そしてビー玉は、過去の広島と現在の広島の時空を越えるための重要な役割を持っています。こうした表現の工夫に気付かせたいものです。

この物語は、人類の長い歴史の中で初めて原子爆弾を体験した広島を題材にしていますが、遠く過ぎ去った過去のこととして終わらせてはいけないという願いが感じられます。平和という視点から自分の身近な暮らしを見直す授業にしたいものです。

単元全体をどうつくるか？――全六時間

亮の心情の変化を読み解くためには、原子爆弾の被害についてある程度知っておくことが必要です。新しく作ったまち・広島の目に見えない歴史や過去、つまり白い模型のまちの意味に迫ることができるからです。

まず「ヒロシマ」「原子爆弾」について知っていることを出し合います。広島を訪れたことがある場合は、なぜ、どこに、どんなまちだったかを具体的に聞きます。そして焼き尽くされた被害の状況の具体を教師が補います。その後、教師の範読。三角州、復元CG、戸別詳細地図等の言葉の意味も確認します。物語を聞いて最も印象に残った場面や言葉、その理由を出し合います。

次に、物語全体を八場面に分け、「時」に着目して構成を整理します。また、登場人物の関係を相関図にまとめ、心情が一番大きく変わった人物として亮に焦点をあてます。転校してすぐの亮が広島のまちをどう捉えていたのか、それがどう変わったのかについて話し合います。亮の心情が変わった理由を考える中で、かっちゃんの存在、白いビー玉＝熱で一部が変形しているビー玉が重要な役割を持つことを確認します。

最後に、「平和のために今自分にできること」をテーマに表現する活動に結びつけます。その際、「平和とは？」「平和を実現するために、今何ができるか」の二つを入れて書くようにします。言い換えれば思いを込めた一人一人の「平和へのメッセージ」です。

この「平和へのメッセージ」を班ごとに分かれて発表し合います。一人の発表を聞いたら必ず何かしらの感想を返す約束で進めていきます。そうすることで、発表者の思いを共有したり、平和に対する考えを広げたりすることができます。平和という漠然とした価値を身の回りの人や暮らしの中へ引き寄せて考えることに大きな意味があります。友達の感想を聞いて、改めて平和について思ったことや考えたことをふりかえり、本単元のまとめにします。

学習目標

○登場人物の相互の関係や心情などについて描写を基に捉えること。（高学年読むこと イ）
○人物像や物語等の全体像を具体的に想像したり表現の効果を考えたりすること。（高学年読むこと エ）
○文章を読んで感想を共有し、平和について自分の考えを広げること。（高学年読むこと カ）

単元名

情景や心情を描いた表現に着目して物語を読み、平和について考えたことを伝え合う

第一次
見通す

1時間目

通読して心に残った場面や言葉、考えたことなどを伝え合おう。


広島について知っていることを発表する。原子爆弾の被害について知る。

難しい言葉の意味を確認しながら教師の範読を聞く。印象に残った場面や言葉、考えたことなど、物語を読んでの感想を書く。

「模型のまち」を読んで、平和へのメッセージを書き、発表し合う会を開くことを知る。

第二次
つかむ

2時間目

「時」に着目して、物語の構成を捉えよう。


一行空きの所を見つけて全体を八場面に分けて、全文を黙読する。

場面を小さな題と結びつける。場面をグループ分けすることで「時」に着目する。

ポケットのビー玉：一場面と八場面、転校前：二場面、転校後：三・四・五・六・七場面の三つに分かれる構成をつかむ。

3時間目

登場人物の会話や行動に着目して、登場人物の関係を捉えよう。


場面ごとに交代で全文を音読する。

中心人物の亮、そして真由、圭太、亮の母、かっちゃん、指導員のおじさん、ひいじいちゃんの関係をまとめる。

亮と真由の性格から二人の関係性をつかむ。

4時間目

亮がまちをどう見ているかに着目して、亮の心情の変化を捉えよう。


転校してすぐの亮が広島をどんなまちだと捉えているのか、わかるところに線を引く。

「何だかつまんない」まちが、亮にとってどのような場所に変わったのかについて考え、その理由を考える。

夢の中でかっちゃんと遊んだビー玉が見学会で実際に見つかったことで、確かに生きていた証にふれた亮の心情をつかむ。

5・6時間目

平和とは何か、今自分にできることを考えて「平和へのメッセージ」を書こう。


これまで見聞きしたこと、知っていること、経験したことをもとに、平和とは何かについて自分の考えを発表する。

その平和を実現するために、今の自分にできることは何かについて具体的に考える。

構成メモをもとに、「平和へのメッセージ」を書く。

第三次
まとめる

7時間目

友達の「平和へのメッセージ」を聞き、平和について考えたことを伝え合おう。


班ごとに分かれて、自分の書いた「平和へのメッセージ」を発表する。

友達の「平和へのメッセージ」を聞いて、よいと思った表現や感想を返す。

「平和へのメッセージ」を紹介してどうだったか、改めて平和について考えたことをふりかえる。

模型のまち

①時間目

ワークシートの正答例

学習目標 物語を読んで心に残った場面や言葉、考えたことを伝え合うことができる

1時間目

通読して心に残ったことを伝え合おう。

❶「1945．86．815」と板書し、何を表しているか考える。そして「ヒロシマ」「原子爆弾」について知っていることを発表する。（教師が写真や数字を示しながら被害状況について補足する）（約10分）

❷学習課題を知る。（約2分）
「物語を読んで心に残った場面や言葉、考えたことを伝え合おう。」

❸教師による範読を聞く。（約15分）
デルタ、三角州、屋号、CGなど、難語句について確認する。

❹物語を聞いて感想を書く。次に示された観点を困ったときの参考にする。（約5分）
○心に残った場面や言葉
○物語を読んで思ったことや考えたこと

❺ペアで感想を紹介し合う。紹介し合った後に、共通点や相違点を話し合う。（約3分）

❻書いた感想を基に平和について考えたことを発表する。（約5分）

❼この物語を学習した後に、平和とは何か、今の自分にできることを書いて、紹介し合う活動を行うことを知り、学習の見通しを持つ。（約5分）

解説

①物語を読む前に、「ヒロシマ」に関する知識を持っておくことは大切です。原子爆弾投下当時の広島のまちの様子を想像したり、真由や圭太の思いを引き寄せて考えることができます。広島を訪れたことがあるかを聞いたり、見たり聞いたりしたことを具体的に発言させたりします。教室に「平和に関する本」を集め、いつでも読めるようにします。

②物語が終わった後に最初に思ったこと、考えたことをだまって書くように促します。

③教師が範読することで、物語の世界に入りやすくなります。聞いている児童の様子をつかみながら、ゆっくり、淡々と読みます。

④この物語を児童がどう受け止めたのか、何を感じたのかを知ることは、これからの学習を進めるにあたって重要になります。児童が見通しを持って取り組めるように、教師が範読する前に観点を示すのもよいでしょう。

⑤横並びでペアになり、「わたしから言います」「次は僕が言うね」の言葉で構えを作ります。「ここが同じ（似ている）ね」「ここはちがうね」など、聞くだけに終わらせないようにしましょう。

⑥全体に紹介した児童と同じ思いや似た思いを書いた児童がいるかを尋ねて発表させたり、ちがうことを書いた児童を尋ねることで、全員が受け止めやすくなります。

⑦物語を学習した後に、平和とは何か、自分にできることは何かなど、自分の思いを「平和へのメッセージ」にまとめ、紹介し合うことを確認します。

模型《も》のまち

1時間目

名前　　年　　組　　番

物語を読んで心に残った場面や言葉、考えたことなどを伝え合おう。

1 「ヒロシマ」「原子爆弾《ばくだん》」について知っていることを書きましょう。

2 物語を読んで心に残った場面や言葉、考えたことなどを書きましょう。

3 友達の発表を聞いた感想を書きましょう。

（　　　　）の発表を聞いて

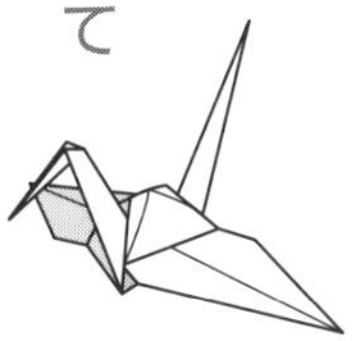

模型のまち

② 時間目

ワークシートの正答例

学習目標 「時」に着目して、物語の構成をつかむことができる

2時間目

「時」に着目して、物語の構成をとらえよう。

❶物語を八つの場面に分ける。（約3分）

❷学習課題を知る。（約2分）

「『時』に着目して、一〜八場面を仲間分けをし、物語の構成をとらえよう。」

❸全文を黙読する。（10〜15分）

❹小さな題を書いたカードを各場面と結びつける。（約10分）

〈小さな題の例〉

○ポケットのビー玉(1)
○ビー玉との出会い
○広島へ転校
○圭太と模型作り
○夢
○母との会話
○発掘調査現地見学会
○ポケットのビー玉(2)

❺一場面〜八場面を本当の時間の流れに並び替える。（約10分）

❻キーワードをつけ加えて、物語の構成をまとめる。（約5分）

解説

①一行空きの所を見つけて、その次の段落に、一〜八の番号を書き込ませるようにします。
全体で確認した後、一行空きは、場面が変わったり時間が経過したりする役割があることを確認します。

②物語を読むために、一〜八の場面を「時」に着目して整理させます。そうすることで物語の構成をとらえることができます。

③物語の内容を理解し、人物の心情を想像しながら本文に向き合うために、黙読を行います。読む速さには個人差があります。全員が読み終わるまで、学習課題にある「時」を表す言葉を見つけ、線を引くようにします。

④小さな題を書いた八枚のカードを用意し、一枚ずつ音読しながらバラバラに黒板に提示し、一〜八場面の順に並び変えるようにします。物語の主な出来事とその順をわかるように整理することで、大体のあらすじを確認します。

⑤「時」を表す言葉に着目して、一場面から八場面を本当の時間の流れに並び替えます。まず、転校前二場面と転校後二場面以外の場面に分類します。次に一場面と三場面から八場面は、同じでよいかを問うことで、一場面と八場面は三場面〜七場面とはちがい、さらに時間がたっていることを確認します。

⑥一〜八場面の順番が、「時」に着目すると二場面・三〜七場面・一と八場面になることを確認します。一場面と八場面はなくても物語としては成り立つがどう思うか投げかけることで、一場面と八場面の効果について考えてもおもしろいでしょう。

模《も》型のまち

年　組　番　名前

一から八場面の時間の流れ＝『時』に着目して、物語の構成をとらえよう。

❶ 一行空けのところで分けると全部で何場面に分かれますか。

全部で □ 場面

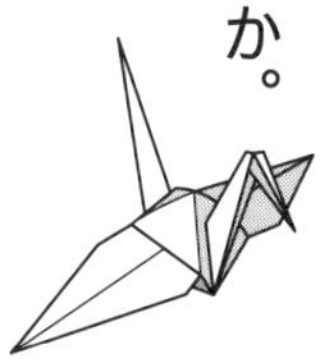

❷ 全文をもく黙読しよう。読み終わったら「時」を表す言葉を見つけ、線を引きましょう。

❸ 場面と小見出しを結びつけましょう。

一場面・	・圭太と模型作り
二場面・	・夢
三場面・	・ビー玉との出会い
四場面・	・広島へ転校
五場面・	・ポケットのビー玉②
六場面・	・発くつ調査現地見学会
七場面・	・母との会話
八場面・	・ポケットのビー玉①

❹ 一場面から八場面を本当の時間の流れに並びかえましょう。

□（転校前）→ □ → □ → □ → □ → □ → □ → □

❺ 一場面と八場面はなくても物語は成り立ちます。どう思いますか。

模型のまち

3 時間目

ワークシートの正答例

学習目標 登場人物の会話や行動に着目して、登場人物の関係を捉えることができる

3時間目

登場人物の会話や行動に着目して、登場人物の関係をとらえよう。

❶登場人物を発表する。（約5分）

❷学習課題を知る。（約2分）

「登場人物の会話や行動に着目して、登場人物の関係をとらえよう。」

❸形式段落ごとに交代しながら、全文を通読する。（約15分）

❹中心人物が亮であること、そして真由、圭太、母、かっちゃん、指導員のおじさん、ひいじいちゃんとの関係を相関図としてまとめる。（約10分）

❺亮と真由の二人の関係性を考える。（約10分）

❻次の時間に中心人物である亮の変化について詳しく読み取っていくことを確認する。（約3分）

解説

①登場人物とは、物語の中で行動したり会話したりする人物をいいます。ひいじいちゃんについては登場人物といえるかどうか微妙ですが、模型作りにおいて鍵になる人物になるので取り上げます。

②授業において学習課題はとても重要です。この時間に学習することは何かを明確に伝えます。また、まとめと連動するようにしましょう。

③会話文は前の形式段落に続けて音読します。場面の最初が会話文の場合は、続けて次の形式段落も音読します。一文読みのように音読する児童が次から次へと変わるのは、内容理解の妨げになることもあるので注意しましょう。

④中心人物である亮を中心に、それぞれの人物との関係を相関図にまとめさせます。人物についてわかることを言葉でつけ加えるようにします。

例　真由→「となりの席の子」「親切」
　　「別名おせっかい」
亮→真由「まあいい感じだ」
真由→亮「転校生に興味がある」

⑤強引で積極的な真由、それに対してどこにでもいそうな普通の男の子の亮という人物像から主導権はいつも真由にある関係性を確認する。

⑥登場人物の中で一番大きく変わったのはだれかを問い、次の時間は亮がどのように変わったのか、その理由を考えていくことを予告します。

模《も》型のまち

3 時間目

名前　年　組　番

登場人物の会話や行動に着目して、登場人物の関係をとらえよう。

❶ 登場人物はだれですか。

❷ 人物相関図を完成させましょう。

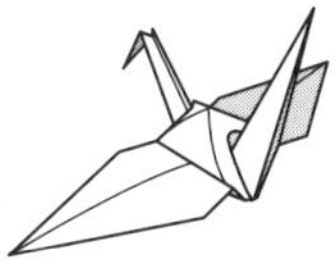

❸ 亮と真由の二人の関係性について気づいたことはありますか。

④時間目

ワークシートの正答例

模型のまち

学習目標 **亮がまちをどう見ているかに着目して、亮の心情の変化を読み取ることができる**

4時間目

亮がまちをどう見ているかに着目して、亮の心情の変化を読み取ろう。

❶広島に転校してすぐ、亮はこのまちをどのように見ていたのか、わかる本文に線を引く。（約5分）

❷三場面を読んで確認する。（約5分）

❸学習課題を確認する。（約2分）
「亮がこのまちをどう見ているのかに着目して、亮の心情の変化を読み取ろう。」

❹七場面と八場面を黙読する。（約5分）

❺活動❶で出された亮のまちへの見方がどのように変わったのかについて考える。（約10分）

❻亮の心情が変わった理由について整理する。（約10分）

❼亮の心情の変化を「転校したすぐは○○だった亮が○○○をきっかけに○○と思うようになった」という形で、自分の言葉でまとめる。（約5分）

解説

①転校してすぐの亮は、このまちを「確かにきれい。でも何だかつまんない」ととらえていることを確認します。原爆ドームについても「自分には関係ない、こわれかけた昔の建物」くらいにしか思っていない、つまり、実感のない他人事としてとらえていることを確認します。

②転校してすぐの亮の心情が書かれている三場面を読むことで、再度確認します。

③亮の心情の変化を読み取るために、何に着目するかを確認します。

④何場面を読めば、変化した亮の心情が読めるかを児童に投げかけます。発掘調査現地見学会の七場面からの黙読としましたが、夢の中でビー玉遊びをする五場面から黙読してもよいでしょう。

⑤活動①の亮の心情に対比します。考えが書けない児童には、七場面の最後の段落「ビー玉は…略…それがはっきりわかった。」を根拠に考えさせるようにします。

⑥活動⑤で理由についても出てくることが予想されます。ここで改めて理由を明確にするよう促します。「かっちゃん」「白いビー玉」がキーワードになることを確認します。

⑦話し合いで明らかになったことをもとに、自分の言葉でまとめられるようにします。

例　「転校したすぐは、広島に原子爆弾が落とされた悲劇を他人事としてとらえていた亮が、かっちゃんと遊んだビー玉が出土品として本当に見つかったことをきっかけに、自分事として身近なものとしてとらえるようになった。」

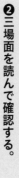

模《も》型のまち

④ 時間目

名前　年　組　番

亮がまちをどう見ているかに着目して、亮の心情の変化を読み取ろう。

❶ 亮は、このまちをどのように見ていましたか。

転校してすぐの亮

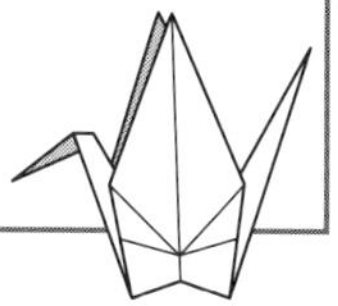

↓

その後の亮

❷ 亮の心情が変化するきっかけとなった出来事は何ですか。

❸ 話し合った亮の心情の変化を自分の言葉でまとめましょう。

転校してすぐの亮は、

模型のまち

5 6 時間目

ワークシートの正答例

学習目標 平和とは何か、今自分にできることを考えて「平和へのメッセージ」を書くことができる

5時間目

平和とは何か、今自分にできることを考えて「平和へのメッセージ」を書こう。

❶絵本『へいわとせんそう』（たにかわしゅんたろう文・Noritake絵、ブロンズ新社）の教師の読み聞かせを聞く。（約5分）

❷ブラジルのリオ・デ・ジャネイロでのセヴァン・スズキさんのスピーチ（1992・6・11）を読む。（約5分）

❸絵本やスピーチを聞いての感想を発表する。（約10分）

❹学習課題を確認する。（約2分）
「平和とは何か、今自分にできることを考えて、『平和へのメッセージ』を書こう。」

❺平和ってどんな世界のことか、今自分にできることをメモとして書く。（約20分）

❻原稿用紙に「平和へのメッセージ」を書く。（約45分）
（原稿用紙2枚程度）早く書き終わった児童から、推敲する。

解説

①谷川俊太郎の『へいわとせんそう』は、平和な世界と戦争の世界を対比して、シンプルでわかりやすく、短い言葉で表現している絵本です。導入で読み聞かせることで、教室の雰囲気を整えることができます。

②セヴァン・スズキさんのスピーチは、世界各国の首脳や政治家が集まる「地球環境サミット」で披露されたものです。12歳の少女の平和への想いが聞き手の胸に突き刺さり、伝説として語り継がれています。

③絵本やスピーチを聞いての率直な感想を全体に発表する場を設けます。児童がどのようなことを感じたかを言葉だけでなく、表情から読み取ります。

④「模型のまち」で学習したこと、絵本やスピーチ、自分の身の回りの人や出来事から、「平和へのメッセージ」として表現することを伝えます。

⑤メッセージの内容として次の2つを入れるようにします。
○平和とは何か
○今、自分にできることは何か（できることは、なるべく複数挙げるようにします）

⑥原稿用紙を一人2枚ずつ配ります。一行目に題名「平和へのメッセージ」と書き、二行目に名前を書きます。一行空けて四行目から書き始めます。見聞きしたこと、知っていること、経験したことを具体的に入れると、言いたいことが伝わりやすくなることを確認します。

模《も》型のまち

⑤⑥時間目

名前　年　組　番

平和とは何か、今自分にできることを考えて「平和へのメッセージ」を書こう。

❶ 絵本『へいわとせんそう』やセヴァン・スズキさんのスピーチを聞いて、何を感じましたか。感想を書きましょう。

❷ 「平和へのメッセージ」を書きましょう。（構成メモ）

あなたが考える「平和」とは？

そのために今、できることは？

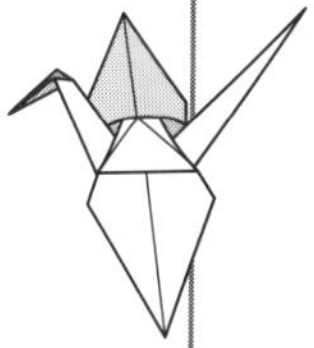

まとめ あなたが最後に一番言いたいことは何ですか？

模型のまち

7 時間目

ワークシートの正答例

学習目標 友達の「平和へのメッセージ」を聞き、「平和」について考えたことを伝え合うことができる

7時間目

友達の「平和へのメッセージ」を聞き、「平和」について考えたことを伝え合おう。

❶学習課題を確認する。（約2分）

「友達の『平和へのメッセージ』を聞いて、平和について考えたことを伝え合おう。」

❷個人で自分の書いた「平和へのメッセージ」の音読練習をする。（約5分）

❸班ごとに分かれて、順番に「平和へのメッセージ」を紹介し合う。紹介した後に必ず聞き手は感想を返すようにする。また、友達の感想に対しても何かあれば続けて発言してもよいことにする。（約20分）

❹全体の場で「平和へのメッセージ」を紹介する。（約10分）

❺友達に自分の「平和へのメッセージ」を紹介してどうだったかをふりかえる。（約5分）

解説

①友達の「平和へのメッセージ」を聞くことを基に、平和についての思いや考えたことを積極的に出し合うことを大切にします。また、素直に思ったことを発言できるように、発表者は聞き手のことを、聞き手は発表者のことを考えた発言をするように働きかけます。

②音声はすぐに消えてしまうことから、メッセージを音読する際は、聞き手を意識してゆっくり音読するように働きかけます。

③四人班を基本にして、活動を進めます。一人が発表した後、感想交流の時間を確保します。感想として次の点を例示します。
○よいと思った表現
○共感したところ
○書いた人に聞いてみたいこと
一方通行ではなく、双方向の言葉のやりとりを目指しましょう。

④前時に児童が書いた「平和へのメッセージ」を教師が読んでおきます。紹介したメッセージの何がよいのかを具体的に評価します。
例えば、次のようなものが考えられます。
○身近な問題として平和について考えている
○書き始めやまとめの表現を工夫している
○だれもが共感するだろう内容を書いている
○平和に関して問題提起しているもの

⑤友達からどんな感想が返ってきたか、それらを聞いてどう思ったかを書いて、ふりかえるようにします。

模《も》型のまち

7 時間目

名前　年　組　番

友達の「平和へのメッセージ」を聞き、「平和」について考えたことを伝え合おう。

❶ 友達の「平和へのメッセージ」を聞いて、何を感じましたか。

発表の順番

①

②

③

④

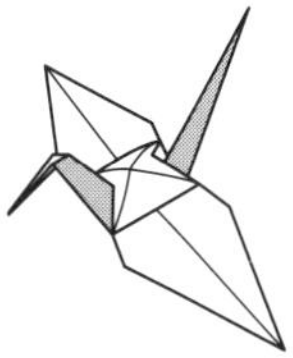

メモ

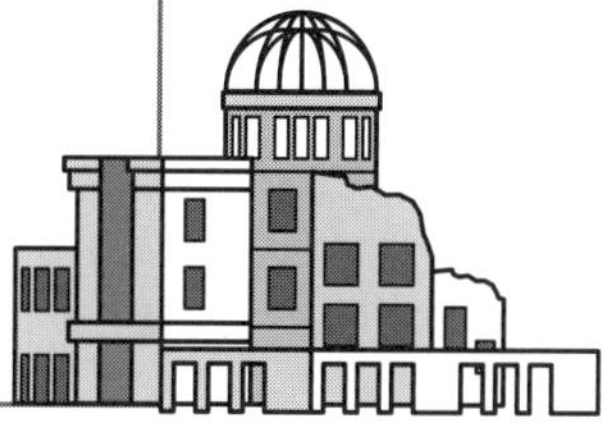

❷ 友達に聞いてもらってどうでしたか。ふりかえりましょう。

あとがき

本書は、全国的に授業づくりの影響力をもつ広島大学附属小学校・附属東雲小学校の国語科教員を総動員し、新しくなる小学校国語科教材の教材分析、単元計画、一時間の計画、児童用のプリントをセットにしたものです。広島大学教員である私も一教材を担当しています。

私は、実は「ワークシート」という言葉は好きではありません。「ワークシート」訳せば、「仕事紙」：児童に仕事をさせるための紙、となります。「ワークシート」が手書きの時代（私が中高の教員だったころは手書きでガリ版印刷でプリントを作っていました）の頃は、教員が作るプリントは手作り感満載でした。それがワープロで作られるようになり、コピーアンドペーストができるようになって、工業製品のような似たような作りの「ワークシート」が溢れていったのです。授業の工業商品化は、「ワークシート」だけにとどまらず、「板書」「一時間の授業」「単元」すべてが、同じような形式のものになっていき、授業は、オートメーション化していきました。

ところが、本書の「ワークシート」をご覧いただくとわかりますが、教材ごとにたいへん異なる形式で作られています。それぞれの教員が独自の考えで作っていることがわかります。授業とはこんなにも多様で楽しいものなのだと実感できるでしょう。本書で授業すれば、さまざまな授業のやり方を学べるという、大きな利点があるのです。

一方で、どこか共通した雰囲気が漂っていることも感じていただけると思います。それは、広島大学附属小学校と附属東雲小学校が、いつも広島大学の国語教育研究者とともに授業づくりをしてきたためであり、その根本に「学習者ファースト」という理念があるからです。

本書を使って授業づくりをすることで、この多様性と理念とを、皆様に感じていただければと願っております。

令和六年二月

広島大学教授　難波博孝

羽島彩加
（広島大学附属小学校教諭）

丸田健太郎
（広島大学附属小学校教諭）

中田江美
（広島大学附属小学校教諭）

山中勇夫
（広島大学附属小学校教諭）

谷 栄次
（広島大学附属東雲小学校副校長）

吉岡大泰
（広島大学附属東雲小学校教諭）

中西果織
（広島大学附属東雲小学校教諭）

【編著者紹介】

難波博孝（なんば・ひろたか）

広島大学大学院人間社会科学研究科教授、博士（教育学）。主な著書に、『ナンバ先生のやさしくわかる論理の授業』（明治図書）、『国語で「論理的思考」を育てる 書く・読むドリル』（学芸みらい社）等がある。

教科書1／4改訂対応版

国語新教材 全授業のつくり方&ワークシート

2024年4月5日 初版発行

編著者 難波博孝

発行者 小島直人

発行所 株式会社 学芸みらい社

〒162-0833 東京都新宿区箪笥町31番 箪笥町SKビル3F

電話番号 03-5227-1266

https://www.gakugeimirai.jp/

e-mail：info@gakugeimirai.jp

印刷所・製本所 藤原印刷株式会社

企画 阪井一仁

校正 若林智之

装丁・本文組版 児崎雅淑（LiGHTHOUSE）

イラスト すずきふたこ

ISBN 978-4-86757-047-0 C3037

学芸みらい社